Gabriele Vocke

BLUMENGESTECKE
IM IKEBANASTIL

Arrangements mit Blumen und Blütenzweigen

CIP-Kurztitelaufnahme der Deutschen Bibliothek

Vocke, Gabriele:
Blumengestecke im Ikebanastil : Arrangements
mit Blumen u. Blütenzweigen / Gabriele Vocke.
– Nachaufl. – Niedernhausen/Ts. : Falken-Verlag,
1983.
  (Falken farbig)
  ISBN 3-8068-5041-0

ISBN 3 8068 5041 0

© 1977/1983 by Falken-Verlag GmbH,
6272 Niedernhausen/Ts.
Fotos: Horst J. Belz
Zeichnungen: Marisko
Satz: LibroSatz, Kriftel/Ts.
Druck: VOD, Heidelberg

817 2635 44

Inhalt

Geleitwort

Wer zum ersten Male mit der aus dem Fernen Osten stammenden Kunst des Ikebana in Berührung kommt, wird sich der unaufdringlichen Faszination nicht entziehen können, die ein solches Arrangement ausstrahlt. Als ich vor vielen Jahren (damals wußte außer wenigen Japankennern kaum jemand in Europa etwas von Ikebana) im Schloß Oels Darstellungen von Ikebanakunstwerken auf kostbaren Vasen und Schalen – es waren Geschenke des japanischen Kaisers an das Kronprinzenpaar – sah, war auch ich fasziniert und forschte fortan weiter, bis ich es wußte: Dort im Osten wird eine liebenswerte eigenständige Kunst gepflegt, die hohe Kunst des Blumen-Arrangements!

Der Tag, an dem ich der von der Ikebanakunst so hellauf begeisterten jungen Frau Gabriele Vocke zum ersten Mal begegnete, gehört mit zu den eindrucksvollsten meines Lebens, denn auch von ihren künstlerisch ausgereiften Arrangements geht diese Faszination aus. Sie hatte das große Glück, während eines jahrelangen Japanaufenthaltes mit ihrem ebenfalls kunstsinnigen Mann, bei den berühmtesten Ikebanalehrern »vor Ort« zu studieren. Sie ist deshalb auch berufen, eine besondere Stellung im Kreis der Vermittler dieser hohen Kunst einzunehmen, hat sie doch viele Ikebanalehrer in unserem Land und in Nachbarländern ausgebildet, ja selbst Japaner!

Auch dieses neue Lehrbuch wird vielen helfen, Ikebana nicht nur besser zu begreifen, sondern allmählich meisterlich zu beherrschen. Daß die Ausübung dieser Kunst zugleich einen langen Erfahrungs- und Lernprozeß bedeutet, liegt wohl im Wesen jedes künstlerischen Tätigseins. So werde ich beispielsweise immer wieder in meinem Metier der Bildhauerei und des Malens mit neuen Problemen und Dimensionen der Kunst konfrontiert. Das macht – und das ist gut – demütig, denn alles ist nur Gnade. Im Fernen Osten gibt es den Begriff »Ikebana-Arrangement der Demut«: Das zeigt, daß man auch im Ursprungsland des Ikebana die richtige Einstellung zu besonderen Gaben besitzt.

Glück-Auf für dieses Buch und die neue Fernsehserie mit Gabriele Vocke!

Karlheinz Urban
Maler und Bildhauer und Ikebana-Professor der Sogetsu-Akademie

Blumenkompositionen mit Peddigrohr

Unübertroffen in seiner vielseitigen Verwendungs- und Gestaltungsmöglichkeit für moderne Kompositionen ist das Flechtmaterial Peddigrohr in Verbindung mit den verschiedensten Blumen und Pflanzen.

Peddigrohr ist ein natürliches Material. Es wird aus den dünnen Stämmen der Rotangpalme, bekannt auch unter den Namen ›Spanisches Rohr‹, ›Stuhlrohr‹ und ›Rotang‹ gewonnen. Sein hauptsächlicher Vegetationsbereich ist Südostasien, wo es in Form einer lianenartigen Kletterpflanze mit wenigen zentimeterstarken, aber bis zu 2 m langen verästelten Stämmen wächst. Es sollte zum festen Bestandteil des Materialmagazins für Ikebana-Arbeiten gehören und stets griffbereit sein. In der Regel wird Peddigrohr naturfarben in den Stärken von 2–10 mm Durchmesser angeboten, aber auch in längsgespaltener Form, die für eine ganze Reihe von plastischen Arrangements bevorzugt wird. Wenn den Blumenfreunden die Beschaffung von frischen Zweigen und Gräsern nicht ohne weiteres möglich ist, bietet sich Peddigrohr als Gestaltungsmaterial geradezu an, da es völlig neutral ist und zu allen Blumen paßt.

Die Gestecke auf den folgenden Seiten sollen die Phantasie zu den verschiedensten Ikebana-Formen mit Peddigrohr und Blumen aller Arten anregen. Sie lassen sich weitgehend auf frisches Pflanzenmaterial übertragen, wobei die jeweils auswechselbaren Pflanzen

im Laufe des folgenden Textes erwähnt werden.

Peddigrohr ist ein ausgezeichnetes Material, um die Linienführungen der Ikebana-Kunst zu üben, denn durch die diesem Stoff eigene Flexibilität läßt es sich immer wieder neu verwenden und in andere Formen bringen. Es ist zweckmäßig, die drei Hauptlinien

Himmel	= Shin	O
Mensch	= Soe	□
Erde	= Hikae	△

die fast jedes Arrangement prägen, durch entsprechende Symbole zu kennzeichnen. Für Shin wird eine aus Pappe geschnittene Kreisfläche beidseitig mit selbstklebendem Filz beklebt und auf ein 2–3 mm starkes, 39 cm langes Peddigrohr, das oben 1 bis 1½ cm weit aufgespalten wurde, eingesteckt. Man befestigt es endgültig mit etwas Klebstoff. Ebenso verfährt man mit den Symbolen für die beiden anderen Linien. Soe, grafisch durch ein Quadrat dargestellt, wird ebenfalls aus Pappe geschnitten und mit andersfarbigem Filz beklebt. Diese Linie ist 26 cm lang, also ²⁄₃ von Shin. Die letzte der drei Linien ist 13 cm lang, also ¹⁄₃ der Länge von Shin, und wird durch ein Dreieck gekennzeichnet. Die so symbolisierten Hauptlinien lassen sich nun in alle Richtungen, die die Grundstile und ihre Variationen erlauben, bringen. Dabei ist gleichgültig, ob es sich um einen aufrechten, geneigten, hängenden oder horizontalen Stil handelt.

Peddigrohr läßt sich in verschieden großen bogenartig gespannten Linien in das Arrangement einfügen. Um Peddigrohr mühelos verformen zu können, wird es je nach Stärke des Rohres 5 bis 30 Minuten in handwarmem

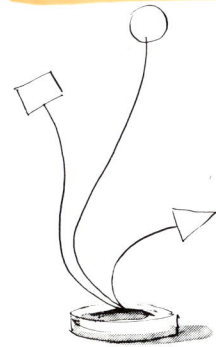

Wasser eingeweicht. Das geschmeidig gewordene, leicht abgetrocknete Material ist nun in jede gewünschte Form zu biegen, wie die folgenden vier Farbabbildungen und die grafischen Darstellungen veranschaulichen. Peddigrohr kann zu einem Strang gebündelt und anschließend S-förmig gebogen durch eine Vasenöffnung geführt werden. Im Bereich der Auflageflächen wird der Strang mehrfach mit farblosem Kunststoffbast umwickelt. Das so verarbeitete Peddigrohr eignet sich besonders gut für eine kompakte Blumengruppe. Überträgt man diese Form auf frische Zweige, so kommen Weide und Hartriegel in Betracht.

Stärkeres Peddigrohr, doppelt genommen und an den Enden verknotet, wirkt besonders ausdrucksvoll. In ähnlicher Weise läßt sich die Trauerweide verarbeiten.

Skelettierte Magnolienblätter sowie getrocknete bunte Herbstblätter sind von Natur aus sehr kurzstielig. Sie lassen sich verlängern durch Aufsetzen auf dünne Peddigrohrstücke, die mit durchsichtigem Klebeband oder Klebstoff befestigt werden. Als natürliches Material können hier auch dünnstielige Haselnußzweige zur Anwendung kommen.

Wenn das Peddigrohr lange genug eingeweicht war, ist es mühelos an einem Ende zu einer Schnecke zu rollen, die mit Wäscheklammern in dieser Lage bis zum Trocknen gehalten werden sollte. Frische Zweige eignen sich für solche Experimente nicht. Peddigrohr kann man auch am Ende spiralenartig drehen. Dann entstehen geschlossene Spiralen, oder bei gespaltenem Peddigrohr aufgezogene Spiralen. Frisches Pflanzenmaterial läßt sich so nicht verformen.

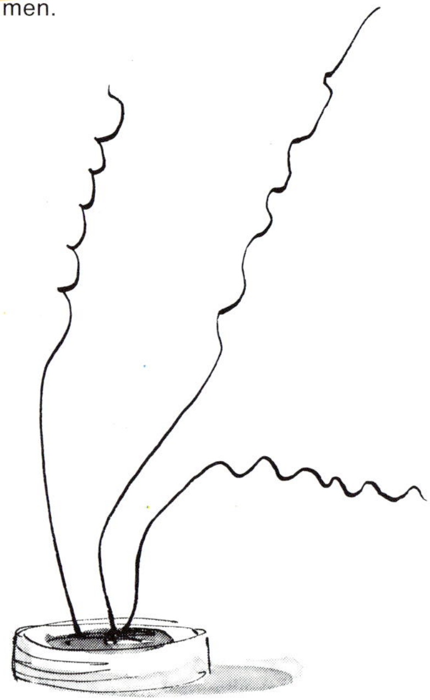

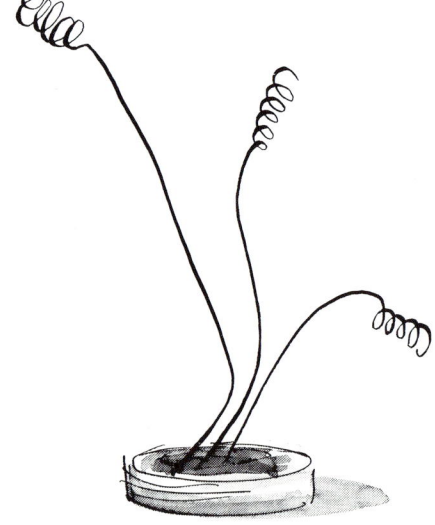

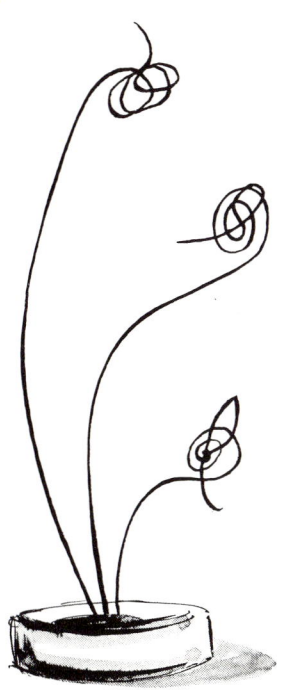

3–5 mm starkes Peddigrohr wird mitunter am Ende zu einem Knäuel oder Knubbel gebunden, wobei ein Stück dann etwas länger herausragt.

Gespaltenes Peddigrohr kann in der modernen linearen Verarbeitung zu spitzwinkeligen Formen geknickt werden. Diese Technik wendet man ebenfalls bei Binsen und Schilfblättern an.

Stärkeres Peddigrohr wird – ähnlich wie Bambus – in Verbindung mit Blumen vertikal, einen Zaun symbolisierend, angeordnet. Vielfach wird hier das Rohr in länglichen schmalen Schalen arrangiert und farblich auf die Blumen abgestimmt.

Die Stabform kann man auch als Kreuzungslinie in modernen Formen verarbeiten; der fächerartige Aufbau ist eine weitere Variante. Als natürliches Material sind Binsen, Gräser oder Schwertlilienblätter geeignet.

Wiederum modern mutet eine Komposition an, in der sich die Linien leicht schwingend und kreuzend wie Fontänen begegnen. Der kaskadenförmige Verlauf des Peddigrohrs läßt sich besonders günstig bei hohen schmalen Vasen anwenden. Die Rohrenden werden oben und unten dicht nebeneinander in Styropor- oder Poronkugeln eingeführt. Das Ganze wirkt wie eine abstrakte Plastik, wenn sich das weiße Peddigrohr und die rot gespritzten Kugeln freischwingend vor der schwarzgetönten Vase bewegen. Diese Anordnung stellt sich ohne Blumen in entsprechender Umgebung rein dekorativ dar, mit zusätzlich frischem Blatt- oder Blumenschmuck dagegen durchaus natürlich.

Verwendungsfähig ist bei einem solchen Aufbau nur haltbares Material wie Rhododendron, Aukube und Philodendron, aber auch exotische Blüten, im Orchideenröhrchen in die spiralenförmige Vasenbefestigung eingehängt, kommen in Betracht. Falls nötig, können die Röhrchen mit Klebeband kaschiert werden.

Anstelle des frischen Materials sind Fruchtstände von Zierlauch, Wiesenkümmel, Sonnenblumen, Artischocken sowie am Stiel befindliche getrocknete Maisblätter eine aparte Ergänzung.

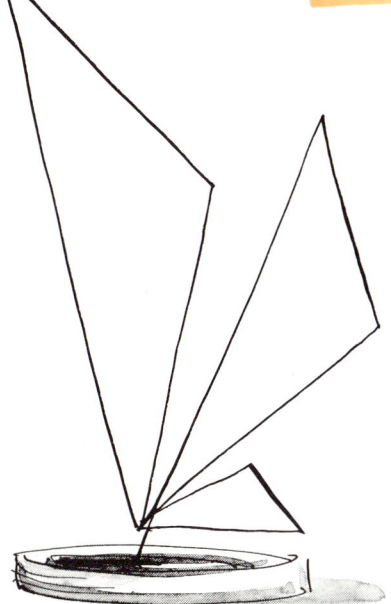

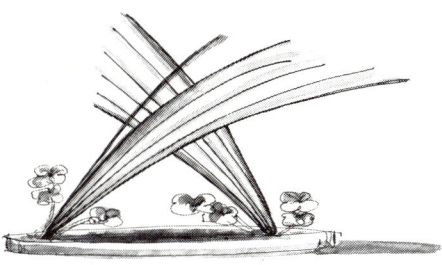

9

Befestigung durch die Blumenspirale

Die Handhabung der Spirale ist sehr einfach. Am Ende eines ca. 1 m langen, 3–6 mm starken Drahtes, der aus einer bleihaltigen Legierung besteht und daher weich und geschmeidig ist, wird ein Haken gebildet, den man über den Vasenrand hängt. Während eine Hand das Drahtende festhält, wird der lange Teil des flexiblen Drahtes in schleifenförmigen Windungen so gebogen, daß in dem vorbestimmten Vasenviertel, in dem sich die Hauptlinien treffen sollen, der Schwerpunkt der Anordnung zu liegen kommt. Mindestens eine dieser wie ein Netz übereinanderliegenden Schleifen muß von einer Vasenwand zur anderen reichen. Dadurch entsteht die nötige Festigkeit, die beim Einstecken der Blumen und Zweige ein Abrutschen der Spirale verhindert. Die Windungen der Spirale dürfen erst ca. 3 cm unterhalb des Vasenrandes beginnen, damit sie von oben nicht sichtbar sind. Beim Arrangieren von schweren und ausladenden Zweigen mit dünnstieligen Blumen und feinen Gräsern ist es zweckmäßig, zunächst eine dickere, stabile Blumenspirale in die Vase zu bringen und darauf eine zweite mit geringerem Durchmesser zu legen. Letztere bietet durch ihre große Flexibilität und feinere Vernetzung auch dünnstieligen Pflanzen ausreichend Halt.

Befestigung durch das waagerechte Vasenkreuz

Es wird aus einfachen japanischen Eßstäbchen oder mit Hilfe eines geraden Zweiges hergestellt.
Übereinanderliegend im Abstand von ½ cm, also ohne sich zu berühren, werden zwei Eßstäbchen waagerecht dem Vasendurchmesser entsprechend von unten nach oben hochgezogen und befestigt. Bei dem festverbundenen Vasenkreuz wird nach dem Aufspalten inmitten der einen Hälfte auf der gewölbten Seite eine flach verlaufende Kerbe eingeschnitten und die Schnittfläche der anderen Hälfte überkreuzt daraufgelegt, so daß das Vasenkreuz an dieser Stelle nur noch fixiert werden muß. Das geschieht mit Natur- oder Kunststoffbast.

Damit das Vasenkreuz wirklich stabil und fest verbunden bleibt, wendet man hier eine besondere Wickeltechnik an. Man legt die Zweighälften zunächst überkreuzt so vor sich, daß die Wölbungen beider Hälften nach oben zeigen. Der Bastfaden wird nun in Form einer 8 um das Kreuz geschlungen. Die Verbindung auf der gewölbten Seite der Zweighälfte muß zwei parallel quer zum Stab verlaufende Bastwicklungen und auf der Schnittseite der Hölzer eine entsprechend gekreuzte Bastwicklung zeigen. Die Enden werden geknotet oder mit der Spitze eines Messers in die Wicklung eingeschoben. Die Länge der Zweighälften wird dem Vasendurchmesser angeglichen und im oberen Drittel – mindestens aber 3 cm unterhalb des Vasenrandes – fest eingesetzt.

Sinfonie

Material:
Peddigrohr, Nelken (*Dianthus*), Aukubenblatt (*Aucuba*)

Die eigenwillige Vasenform, die an der Stelle der größten Ausbuchtung eine ovale Öffnung zeigt, bietet sich geradezu für moderne Blumenkompositionen an. Das 4 mm starke, 170 cm lange, naturfarbige Peddigrohr ist vor der Verarbeitung etwa eine halbe Stunde in lauwarmem Wasser eingeweicht worden. Anschließend wurden die parallel nebeneinander liegenden Peddigrohrstücke vorübergehend gebündelt und im Abstand von jeweils 20 cm mit Silberdraht fest zusammengehalten. Mühelos läßt sich nun eine ovale Schlaufe legen, deren Strangenden bei un-

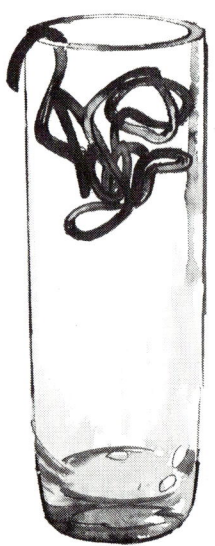

gefähr 110 cm durch das gebündelte Peddigrohr geführt werden. Genau an diesem Kreuzungspunkt verbindet man die beiden Rohr-
stränge mit einem etwas stärkeren grün-
ummantelten Draht. Je nach Vasenform und
Größe kann die Schlaufe auch kleiner sein.
Der erwähnte Kreuzungspunkt ist gleichzeitig auch der Schnittpunkt für die Auflagefläche an der Vasenöffnung. Da das Peddigrohr
trocken stehen kann, läßt man es nicht bis in
das Wasser hineinreichen, sondern befestigt
es mit der flexiblen Blumenspirale. Diese
wird am Vasenrand mit einem Haken eingehängt und mehrmals um das Peddigrohr geschlungen, während der Hauptteil der Blumenspirale mit seinem Gewicht in die Vase
hineinragt. Durch Biegen wird der restliche
Teil des Peddigrohrs freischwingend durch
die ovale Öffnung geführt; die einzelnen
Peddigrohrstücke lassen sich anschließend
ziehen, so daß die Enden verschieden lang
sind und das Ganze noch plastischer wirkt.
Erst jetzt werden die Silberdrähte, die zur Er-
arbeitung der Form dienten, gelöst.
Zum Schluß schrägt man die Rohrspitzen an.
Die Blumengruppierung, ein konzentrierter
Farbklecks von 12 verschieden langen, flach
angeordneten Nelken, wird nun der Peddigrohrform beigefügt. Die Aukubenblätter stellen die optische Verbindung von Gefäß zu Arrangement her.

Exotischer Zauber

Material:
Peddigrohr, lila gefärbt, Nadelkissenproteen (*Leucospermum nutans*), Rhododen-
dronblatt (*Rhododendron, Azalea*)

Modern und extravagant wirkt das sandfar-
bige Gefäß mit seinen zwei Vasenöffnungen.
Entsprechend nüchtern und ausgefallen
zeigt sich die Ikebana-Komposition. Zu zwei
ineinandergreifenden abgerundeten Dreiek-
ken wurde das Peddigrohr geformt und am
Ende mit Silberdraht zusammengefaßt. Das
Peddigrohr kann nach Belieben mit Autolack
oder einer sonstigen wasserfesten Farbe
durch Sprühen oder Streichen oder Auftra-
gen mit einem Schwamm umgefärbt werden.
Um Zweigen und Blumen Halt zu verleihen,
wird ein waagerechtes Vasenkreuz verwendet.
Damit man sich an den exotischen Nadelkissenproteen lange erfreut, müssen die ver-
holzten Stiele vor der Verarbeitung neu an-
geschrägt werden. Außerdem sollte man sie
ca. 5 cm weit aufspalten, um eine bessere
Wasserversorgung zu erzielen. Das an-
schließende Einstellen in etwa 60 Grad heißes Wasser bewirkt, daß die durch den langen Transport ausgetrockneten Stiele wieder
wasseraufnahmefähig werden und die Blüte
sich voll entwickeln kann. Erst jetzt werden
sie der erarbeiteten Peddigrohrform aus-
schmückend beigeordnet. Sie lassen sich in
keiner Weise verformen, lediglich längenmä-
ßig variieren, wobei man die Blüten dem Betrachter voll oder profiliert zuwenden kann.
Zum Untermalen der Blumen paßt das Rho-
dodendronblatt besonders gut, da es der
Blattform der Protea entspricht und ebenfalls
sehr haltbar ist.

Pas de deux

Material:
Peddigrohr, schwarz gefärbt, Strohblumen (*Helichrysum bracteatum*) in verschiedenen Farben, Poronkugeln

Individuell, modern und dauerhaft ist das folgende Arrangement. Die eigens hierfür entwickelte Eisenplastik wurde vom Schmied angefertigt, die genauen Maße sind der Zeichnung zu entnehmen. Auf dem unteren und oberen Endpunkt der Plastik wurde jeweils eine Poronkugel aufgesteckt.
Die Strohblumenköpfchen sind mit je einem Steckdraht, der am oberen Ende hakenförmig umgebogen und auf 2 cm gekürzt wurde, durchstochen und auf der Poronkugel befestigt. Lückenlos und dicht nebeneinander aufgesetzt ergeben sie eine geschlossene Kugelform.
In der sich fortsetzenden kreisförmigen Bewegung verlaufen die schwarzgefärbten Peddigrohrschleifen, die mit unterschiedlichen Radien in die Poronkugel münden.

13

Feuertanz

Material:
Peddigrohr oder Span, blau-lila gefärbt,
Ringelblumen (*Calendula*)

Auf dem aus Rundeisen geschmiedeten ungleichmäßigen Dreifuß steht erhöht die flach zulaufende orangefarbige Schale. Sie wirkt wie ein modernes Opfergefäß, aus dem die Flammen emporlodern. Blaue Dunstschwaden – dargestellt durch Holzspiralen – entweichen der Glut. Bei der Komposition wurde bewußt auf jegliches Blattgrün verzichtet. Die großblütigen gelborangen Ringelblumen mit ihren dunkelbraunen Augen leuchten wie Flammen.

Im Garten zählt die Ringelblume sozusagen zum eisernen Bestand. Die Sorten spielen von Mattgelb über Goldgelb bis hin zu Orange. Es gibt großblütige, kleinblütige und Miniatur-Ringelblumen. Nicht nur in der Gartenkultur, sondern auch als Schnittblumen sind sie außerordentlich dankbar und öffnen unermüdlich Blüte um Blüte. Übrigens wird aus den Blütenblättern der blutreinigende Goldrosentee hergestellt. Der Saft der Pflanze wurde früher zum Färben von Tee und Butter verwandt. Die einzelnen Blüten wurden in der Anordnung massiert auf den Kenzan aufgesteckt und weisen, obwohl sie allesamt kurz geschnitten sind, deutliche Längenunterschiede auf. Holzspanbänder, wie sie hier verarbeitet wurden, kann man in

Bastel- oder Blumengeschäften in den verschiedensten Farben, zum Teil schon schneckenartig aufgerollt, kaufen. Die gefärbten Exemplare sollte man nur über Wasserdampf nachbiegen, da sie beim Einweichen ihre Farbintensität verlieren. Für naturfarbige Späne ist das kurze Einweichen in Wasser dagegen nach wie vor die einfachste Methode, sie für das Biegen gefügig zu machen. Zum Stabilisieren der erarbeiteten Form empfiehlt es sich, beim Trocknen Wäscheklammern zu Hilfe zu nehmen. Solche Spiralen lassen sich auch aus Peddigrohr einrollen.

Abendwind

Material:
Peddigrohr, Rosen (*Rosa*), Purpurglöckchen (*Heuchera*), Deutzie (*Deutzia gracilis*)

Für die bogenförmige Anordnung gibt die
folgende Komposition mit den schwarzgefärbten Peddigrohrbögen ein gutes Beispiel.
Das 2 mm starke Rohr wurde durch einen in
schwarze Lackfarbe getauchten Schwamm
schnell und billig gefärbt. Die Bögen wurden
mit Silberdraht zusammengefaßt und stellen
den längsten Punkt der Anordnung dar.
Die Purpurglöckchen, im Farbton der Rosen,
begleiten die zweite nach links weisende,
ebenso wie die noch kürzer nach rechts weisende dritte Linie.
Die zartrosa getönten Glöckchen der Deutzie
untermalen die Anordnung, sie schmeicheln
den Rosen, die der strahlende Mittelpunkt
des Arrangements sind.

Blütenzweige und Blumen

Eine besondere Bereicherung sind nach den kahlen und kalten Wintertagen die zahlreichen Blütenzweige. Das Warten auf diesen prachtvollen Schmuck verkürzt man gern durch Vortreiben. Zweige von Forsythie, Kirsch-, Apfel-, Pfirsich-, Mandel-, japanischem Quittenbaum, Magnolie oder Kastanie werden über Nacht in lauwarmes Wasser gelegt. So saugen sich die Knospen voll und trocknen nicht aus. Am folgenden Tag werden die Stielenden neu angeschnitten und tief in lauwarmes Wasser gestellt. Sie sollten nun in einem hellen warmen Raum stehen. Täglich müssen die Knospen besprüht werden, damit sie sich alle innerhalb von 1–3 Wochen zur Blüte entfalten. Ihr Zauber berührt uns stets aufs Neue.

Die Vielfalt an Farben und Formen der Blütenzweige ist überwältigend. Den Blütenreigen eröffnen die Zweige des Winterjasmins – er ist eine kleine Kostbarkeit unter den Klettergehölzen. Seine gelben forsythienähnlichen Blüten erfreuen schon in den ersten Januartagen und blühen sogar unter dem Schneekleid weiter.

Im Februar/März folgt die Zaubernuß, von der es mehrere Arten gibt. Am schönsten sind die Hamamelis japonica und Hamamelis mollis. Wie mit tausend Silberperlen besetzt glitzert der Weidenbusch. Die gelben Märzwürstchen sind die männlichen Blüten der Haselnuß. Auch sie gehören zu den Vorboten des Frühlings.

Der zartlila blühende Seidelbast und die gelbe Kornelkirsche sind die nächsten im Blütenrhythmus des Gartenjahres. Im März gesellen sich die herrlichen immergrünen Blütensträucher des Rhododendron (Rhododendron praecox) dazu. Die Sternmagnolie öffnet etwa zum gleichen Zeitpunkt ihre Blüten, und auch der duftende Schneeball (Viburnum farreri) ist bereit, sich blühend zu entfalten.

Weithin sichtbar leuchten in den Monaten März/April die feuerroten Blüten der japanischen Quitte. Jeder Tag bringt nun neues Offenbaren. Die Forsythie hat ihre Goldsterne erschlossen, die Purpurtrauben der Blattjohannisbeere sind bienenumsummt. Übersät mit niedlichen Sternchen sind die Hecken der Schlehen. Wohin man blickt, überall treibt und sprießt es. Der Pfirsichbaum ist in Rosa gekleidet, die Aprikosenzweige blühen. Aus südlichen Ländern grüßen Mimosen und italienischer Ginster. Einen bezaubernden Schmuck stellen im April die Mandelbäumchen (Prunus triloba ›Plena‹) dar. Nun folgen die Magnolien mit dem zarten Weißrosa ihrer herrlichen, großen Blüten.

Der Spierstrauch, in mannigfaltigen Arten, weiß- oder rosablütig, erfreut sich während der Monate April/Mai großer Beliebtheit, namentlich für Tischdekorationen. Mit Blüten übersät präsentiert sich die Freilandazalee. Nicht zu vergessen sind auch die Berberitzen mit ihren schönen Blüten sowie die goldgelben rispenartigen Blätter der Mahonie. Der falsche Jasmin (Philadelphus), einer der beliebtesten Ziersträucher, bringt einfache oder gefüllte, stark duftende, weiße Blüten hervor. Ebenfalls weißgrundig sind die zierlichen Blüten der Deutzie. Für kleine Arrangements eignen sich auch die blühenden Zweige der Zwergmispel.

Wie mit Schnee bedeckt erscheint im Mai der mit weißen Blüten besetzte Strauch der kanadischen Felsenbirne. Zur gleichen Zeit stellen die Robinien einen hohen Schmuckwert mit ihren violett-rosa 11–15blütigen Trauben dar. Die Tamarisken wirken besonders zart durch ihren rosafarbigen Blütenschleier, der sich, je nach Art, von April bis August entfaltet.

Im April/Mai öffnen sich die goldgelben bis zu 3 cm großen Blüten des Ranunkelstrauches. In Wäldern und Gärten schmücken sich die Kiefern mit ihren Maitrieben und bieten reizvolle Motive.

Bildschön sind die haltbaren breitglockigen Blüten des Berglorbeers (Kalmia latifolia), dessen Blütezeit in den Monaten Mai und Juni liegt. Wenn der Flieder wieder blüht – von Mai bis Juni – mit seinen wohlriechenden weißen und lila Blüten, dann hat die Blütezeit ihren Höhepunkt erreicht, denn dann blühen auch die zahlreichen Obstbäume. Mai/Juni ist auch die Blütezeit des Schneeballs (Viburnum carlesli) mit seinen faustgroßen Blütenköpfen. Über drei Monate, von Mai bis

Juli, erfreut die *Weigelie* mit ihren rosa oder roten Trompetenblüten.

Ein vortrefflicher Zierstrauch ist der *Perückenstrauch,* der im Juni/Juli blüht. Die Blüten sind zwar unscheinbar, aber der Blütenstand bekleidet sich später mit langen violetten Haaren und erhält so ein perückenartiges Aussehen.

Für zarte Dekorationen sind die grünlichweißen Blütenrispen des *Knöterichgewächses* »Klettermax« besonders geeignet.

Die *Clematis-Hybriden* sind mit prachtvollen blauen, rosa oder weißen Riesenblumen unsere vornehmsten Lianen.

Die *Wisteria* oder *Glyzine* zählt zu den Schlingpflanzen und entfaltet ihre dekorativen lila Blütentrauben im Mai/Juni. Ein wohlriechender, interessanter Kletterstrauch ist das *Geißblatt* mit seinen eigenwilligen Blüten, bekannt unter dem Namen ›Jelängerjelieber‹.

Auch die einjährige *Prunkwicke* in Königsblau oder Purpur ist ein aparter Blütenschmuck.

Zu den dankbarsten Blütensträuchern gehört der *Goldregen,* dessen Blütentrauben weithin leuchten. Leider eignet er sich nicht zum Schnitt und zum Kombinieren mit anderen Pflanzen, da seine austretenden Giftstoffe alle Blumen schnell zum Welken bringen.

Weißdorn und *Rotdorn* tragen zauberhaften Blütenschmuck, der sich mit Blumen vielseitig verbinden läßt.

Das amerikanische *Gelbholz* ist ein schöner Gartenbaum, der im Juni mit weißen, duftenden Blütentrauben behangen ist. *Hortensie* und *Rispenhortensie* wirken in vielen Anordnungen ausgesprochen dekorativ.

Wenn die Blütezeit langsam ausklingt, erfreut im Juli/August der *Sommerflieder* mit seinen honigduftenden lila Blütenrispen.

Noch etwas später blüht hellviolett der weniger bekannte *Keuschbaum* oder *Mönchspfeffer (Vitex agnus-castus).* Einer der schönsten Spätblüher (August–Oktober) ist der *Syrische Roseneibisch (Hibiscus syriacus).* Die Farbskala dieser großen Blüten reicht vom reinen Weiß über Rosa bis zum tiefen Violett.

Das Einstecken von Blütenzweigen

Die Zweige sind so anzuordnen, daß die Mehrzahl der Blütenansätze dem Beschauer zugewandt nach oben weisen. Mit anderen Worten, die kahle, der Sonne abgewandte Seite, auch Schattenseite genannt, muß entsprechend geneigt sein oder flach aus dem Gefäß herauswachsen. Die Form der Anordnung ergibt sich also aus der Wuchsform der Zweige. Neben den aufrechten Stilen wird vorzugsweise im geneigten Stil gearbeitet. Generell ist zu empfehlen, alle Blütenzweige vor dem Einstecken nochmals unter Wasser schräg anzuschneiden. Besonders starke Zweige wie Flieder sind an den Stielenden aufzuspalten, während dünnstielige wie Mimosen mit 5–10 cm langen angewickelten Zweigstücken verstärkt werden.

Die folgenden Gestecke geben einen Eindruck der verschiedenartigen Wirkung von Blütenzweigen.

Willkommen

Material:

Chinesischer Flieder (*Syringa chinensis*), Rhododendronblüte (*Rhododendron*), Blätter des Perückenstrauches (*Cotinus coggygria*)

Der Chinesische Flieder, auch Königsflieder genannt, wurde in Verbindung mit einer Rhododendronblüte und Blättern vom Perückenstrauch harmonisch arrangiert. Die Blumenkomposition sollte den Linien des Gefäßes angepaßt sein und dessen Form unterstreichen. Ausgewogen wirkt bei dieser Ton-in-Ton-Komposition die grazil gebogene Linie des hochragenden Chinesischen Flieders. Sie führt die Rundung der Gefäßform fort und nimmt gleichzeitig Bezug auf die gesamte Blumenanordnung. Die unteren Rispen des Flieders fangen die Linie auf und leiten sie in einer Parallele dem äußeren Gefäßrand zu.

Die beiden Zweige sind zuvor behutsam mit der Hand gebogen worden. Der Ansatz des längsten Zweiges wurde vom Laub befreit, um die Linie klarer zum Ausdruck zu bringen. Den Schwerpunkt des Arrangements bildet eine große Rhododendronblüte, untermalt von eigenen Blättern. Abschließend wird der lila Farbton durch die Blätter des Perückenstrauches, die hier den harten Schalenrand verdecken, aufgefangen.

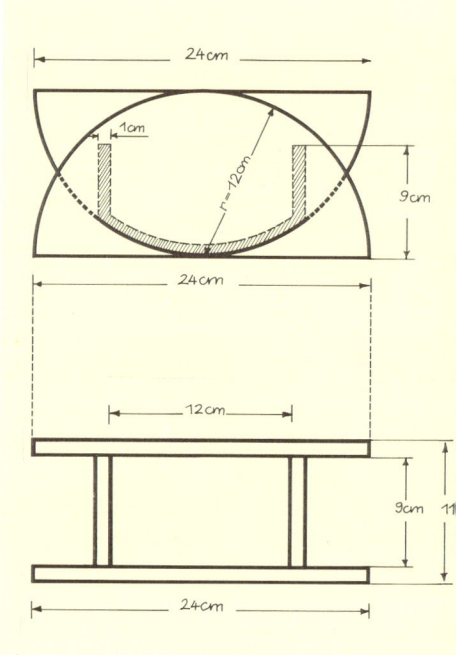

Das formschöne, von Hand aufgebaute, hell-
graue Keramikgefäß besteht aus zwei gegen-
einandergesetzten Halbkreisen, die auf einem ca. 6 cm breiten Boden aufgesetzt und
an den Seiten mit einem Steg verbunden
sind. Die Maße sind der Graphik zu entnehmen.

Grazie

Material:
Rotdornzweig (*Crataegus laevigata ›Pau-lii‹*), Pfingstrose (*Päonia*) mit Blättern,
Kerzen der Kastanie (*Aesculus*)

Ein weiteres Beispiel zeigt eine Ton-in-Ton-Kombination in einer hohen Vase. Der ungewöhnlich ovale Ausschnitt in der Mittelpartie läßt das Gefäß lebendig und elegant erscheinen. Entsprechend wurde die Blumenkomposition aufgebaut. Schwer- und Mittelpunkt bildet die voll aufgeblühte und sich in ihrer ganzen Schönheit präsentierende Pfingstrose, deren feurigrote Blütenblätter aussehen, als seien sie aus Seide geschnitten. Sie glänzen, als ob sie vom Tau benetzt wären.

Die Pfingstrose bildet in Übereinstimmung mit den sie umgebenden saftig-grünen gefingerten Blättern, drei weißrot blühenden Kastanienzweigen und dem sich über sie erhebenden Rotdornzweig eine naturgegebene Harmonie.

Gehalten wird das Arrangement durch die bewährte Blumenspirale. Die Gliederung mit drei andersartigen Materialien in verschiedenen Richtungen kann außerordentlich reizvoll sein. Die voneinander abweichenden Pflanzen, der mehrblütige Rotdornzweig, die Pfingstrose und die großen Kerzen der Kastanie, alle vom gleichen Rotton durchzogen, eignen sich ausnehmend gut zum Kombinieren.

Um eine formvollendete Linie zu erreichen, muß der von Natur aus recht üppig gewachsene Rotdornzweig gelichtet werden, besonders an der stark durchgebogenen Innenseite. Das richtige Auslichten bei dichtbelaubten Zweigen ist im Ikebana eine unumgängliche Notwendigkeit, um die ansprechendste Form herauszuarbeiten.

Frühlingsimpression

Material:
Verbänderte Forsythienzweige (*Forsythia*),
Narzissen (*Narcissus incomparabilis*),
bemooste Baumwurzel, Kiefer (*Pinus*)

Wohlbekannt und weit verbreitet sind die beliebten Narzissen. Unter den zahlreichen Arten gibt es viele Neuzüchtungen. Das Besondere der hier gezeigten Sorte ist die große, schöne orange Blütenschale – daher auch Schalennarzisse genannt. Sie ähnelt der zierlichen Dichter- und Poetennarzisse.
Aus der kleinen runden Keramikschale wächst fast gradlinig der interessant verbänderte Forsythienzweig, eine Mutation der Natur, wie man sie hauptsächlich von der Bänderweide her kennt.
Beim Betrachten des Aufbaus entsteht der Eindruck, als bildete die angelegte bemooste Wurzel mit dem Forsythienzweig einen Stamm. Die einzelnen Forsythienästchen, die die Wurzel leicht umspielen, vertiefen diese Ansicht.
Die Ansatzstellen der Holzteile von Zweig zu Wurzel sind durch den Kiefernzweig eingebettet und somit nicht sichtbar.
Dekorativ und ausdrucksvoll wurden die Narzissen angeordnet; die beiden oberen übertragen die leichte Schrägstellung auch auf die Linienführung des Forsythienzweiges und lassen diesen etwas aufgelockerter erscheinen. Keck und dicht beieinander drängen die strahlenden Sternchen der Narzissen dem Licht entgegen.

Melodie

Material:
Rotblühende Japanische Zierquittenzweige
(*Chaenomeles speciosa*), gelbe Rosen
(*Rosa*)

Die Blüten der Japanischen Quitte sind je
nach Sorte rot, rosa, orange oder weiß. Die
Zweige wachsen in recht bizarren Formen, so
daß die großen, gruppenartig angeordneten
Blüten auch ohne weiteren Blumenschmuck
attraktiv sind. In der Kombination mit Blumen
werden blaue oder gelbe Blütenfarben bevorzugt. So ergänzen sich Iris oder dunkel-
blaue Anemonen harmonisch mit den Blütenzweigen der Japanischen Quitte. Gelb-
töne von Tulpen, Osterglocken oder Mimosen ergeben ebenfalls ein gelungenes Zu-
sammenspiel. Die Komposition ist im aufrechten Berg-und-Talstil spiegelbildlich angeordnet worden. Für die Placierung der Rosen war die Wuchsform der Zweige aus-
schlaggebend. Die Linie Shin weist mit 15
Grad nach rechts, Soe, die zweite Linie, mit
75 Grad nach links und Hikae mit 45 Grad
wiederum nach rechts.
Damit die Rosen recht lange halten, wurde
die Rinde des Stiels einige Zentimeter über
der Schnittfläche abgeschält, um die Was-
seraufnahmefläche zu vergrößern. Ferner ist
ein Teil der Blätter ausgelichtet worden, so
daß sich die Verdunstungsfläche der Pflanze
verringert. Bei Rosen ist unbedingt darauf zu
achten, daß kein Blatt ins Wasser hineinragt,
denn ihre Blätter enthalten Stoffe, die mit
dem in der Luft und im Wasser enthaltenen
Sauerstoff wasserunlösliche Verbindungen
(Polyphenole) eingehen. Diese wiederum
verstopfen dann die Wasserleitungsbahnen
der Stiele und es kommt unweigerlich zum
vorzeitigen Welken der Blüte.

Traum

Material:
Zierapfel (*Malus*), Magnolie
(*Magnolia*), Lavendelheide (*Pieris*)

Die Vase mit der Doppelöffnung ist außerge-
wöhnlich reizvoll. Die extravagante Gefäßform darf beim Dekorieren keinesfalls beeinträchtigt werden. Es empfiehlt sich daher, bei
ausladenden Zweigen und großblütigen
Pflanzen das Arrangement nur von einer Gefäßöffnung her aufzubauen, und auf die andere durch die Form der Anordnung Bezug
zu nehmen.
Der einseitig mit Blüten besetzte Zierapfelzweig gelangt nur in der geneigten Form voll
zur Geltung. Die Sonnenseite mit ihrer Blütenpracht wird dem Beschauer zugewandt,
die kahle, weniger schöne Zweigseite weist
nach unten und bleibt dem Betrachter ver-
borgen.
Die weit geöffnete Marnolienblüte wird sehr
kurzstielig eingearbeitet, um Gefäßöffnung
und Pflanzenstiele zu tarnen. Eine noch
knospige Magnolienblüte vollzieht die Verbindung von dem schwungvoll angeordneten Zierapfelzweig zu der zweiten Gefäßöffnung.
Die weißen Glöckchen der Lavendelheide mit
ihren zartgrünen Blattspitzen vervollständigen die Komposition.

Blütenzauber

Material:
Zaubernuß (*Hamamelis japonica*),
Aladin-Tulpen (*Tulipa*)

Die Zaubernuß trägt ihren vielsagenden Namen zu recht. Geheimnisvoll läßt sie ihre goldgelben Seidenfähnchen um das Braunrot ihres Blütenkranzes wehen. Am ausdrucksvollsten ist die großblütige Hamamelis japonica mit ihren bewegungsreichen Zweigen, die in diesem Arrangement verarbeitet sind. Die besondere Wuchsform der Zweige bestimmte den Aufbau. Um die originelle Linienführung des längsten Hamameliszweiges besonders hervorzuheben, waren zunächst zwei kleine Seitentriebe zu entfernen. Die entstandenen Schnittflächen konnten mühelos mit einem braunen Filzstift abgedeckt werden. Dem elegant geschwungenen Hauptzweig wird zum Ausgleich ein üppig gewachsener zweiter Zweig entgegengesetzt.

Eine Besonderheit stellen auch die lilienblütigen Tulpen dar, deren Kennzeichen die zugespitzten Blütenblätter sind, die sich im oberen Teil zurückbiegend öffnen. Untergeordnet können die Blumen mit ihren farbenfrohen Blüten eine harmonische Ergänzung zu dem dominierenden Zweigschmuck ergeben. Kreuzende Linien wären bei dieser Komposition außerordentlich störend. Damit die Tulpen in der eingestellten Form stehen bleiben und sich nicht nachträglich nach dem Licht drehen, ist es empfehlenswert, ihre Stiele nach dem Arrangieren unterhalb der Blüte etwa 1 cm leicht anzuritzen. Sie werden dann im Wasser stehend weder wachsen noch sich ziehen.

Die braunroten Punkte der Zaubernuß ergeben einen Farbgleichklang mit dem Gefäß.

Geborgenheit

Material:
Mahonie (*Mahonia*), gelbe Tulpen (*Tulipa*)

Das Arrangement auf einer Ebene ist eine Reihenanordnung und wird auch »Parallelstil« genannt. In der Mathematik ist das Wort »parallel« klar definiert durch folgende Formulierung: »Im gleichen Abstand ohne gemeinsamen Schnittpunkt nebeneinander verlaufend«.

Dieser Stil weicht durch die genannte Eigenart von den üblichen Regeln ab. Er entbehrt der dreidimensionalen räumlichen Wirkung, zumal alle Linien auf einer Ebene verlaufen und nicht wie bei den übrigen Ikebana-Formen durch unterschiedliche Neigungswinkel gekennzeichnet sind. Somit verzichtet man auf jegliche Tiefenwirkung. Zu unterscheiden sind die Hauptlinien lediglich durch drei wohlproportionierte und aufeinander abgestimmte Längen. Die Einsteckpunkte auf drei Igeln liegen deutlich voneinander getrennt. Der Stil basiert in der Konzeption seines Aufbaues auf der Vorstellung einer Hecke als einer geheimnisvoll romantischen Abgrenzung, an der sich die unterschiedlichsten Blumen ein Stelldichein geben. Diese Gestaltungsart setzt eine längliche schmale Schalenform voraus.

Die längste Hauptlinie wird links am Ende der Schale in den nach vorn gezogenen Igel eingesteckt. Sie mißt 1½ mal Durchmesser plus Höhe der Schale. Die zweite Hauptlinie, um ⅓ kürzer als die erste, steht entgegengesetzt zu dieser rechtsseitig auf einem weiteren Igel. Dieser wird ca. 2 cm vom rechten hinteren Rand entfernt, aufgestellt.

Die kürzeste, die dritte Hauptlinie, entspricht der halben Länge der zweiten Linie. Für sie wurde der Igel in der Mitte der Schale placiert. Bei dieser sonst ungewöhnlichen Anordnungsweise besteht die Möglichkeit, die beiden äußeren Hauptlinien, in diesem Arrangement durch Mahonien dargestellt, auf gleiche Höhe zu bringen. Voraussetzung dafür ist, daß die entsprechenden Zweige oder Blumen in der Wachstumsstärke variieren, um nicht gleichmäßig und eintönig zu wirken. Damit das fein ausgewogene Verhältnis

von Schalenrand zu Zweighöhe nicht beeinträchtigt wird, dürfen die beiden längsten Punkte nicht unmittelbar am Schalenrand aufgestellt werden.

Zur Ergänzung der Hauptlinien wurde ausschmückendes Beiwerk hinzugefügt. Dabei ist darauf zu achten, daß dies nicht ohne Beziehung zu der jeweiligen Hauptlinie geschieht. Die längste Hauptlinie erhält zwei

begleitende Nebenlinien, eine längere rechts danebenstehend und eine wesentlich kürzere, eingesteckt zwischen Haupt- und Nebenlinie. Die zweite Hauptlinie erhält nur eine rechtsseitig eingruppierte verstärkende Nebenlinie. Eine Tulpe veranschaulicht die kürzeste Hauptlinie. Zwei weitere, entsprechend kürzer eingeordnete Blumen unterstützen diese Linie.

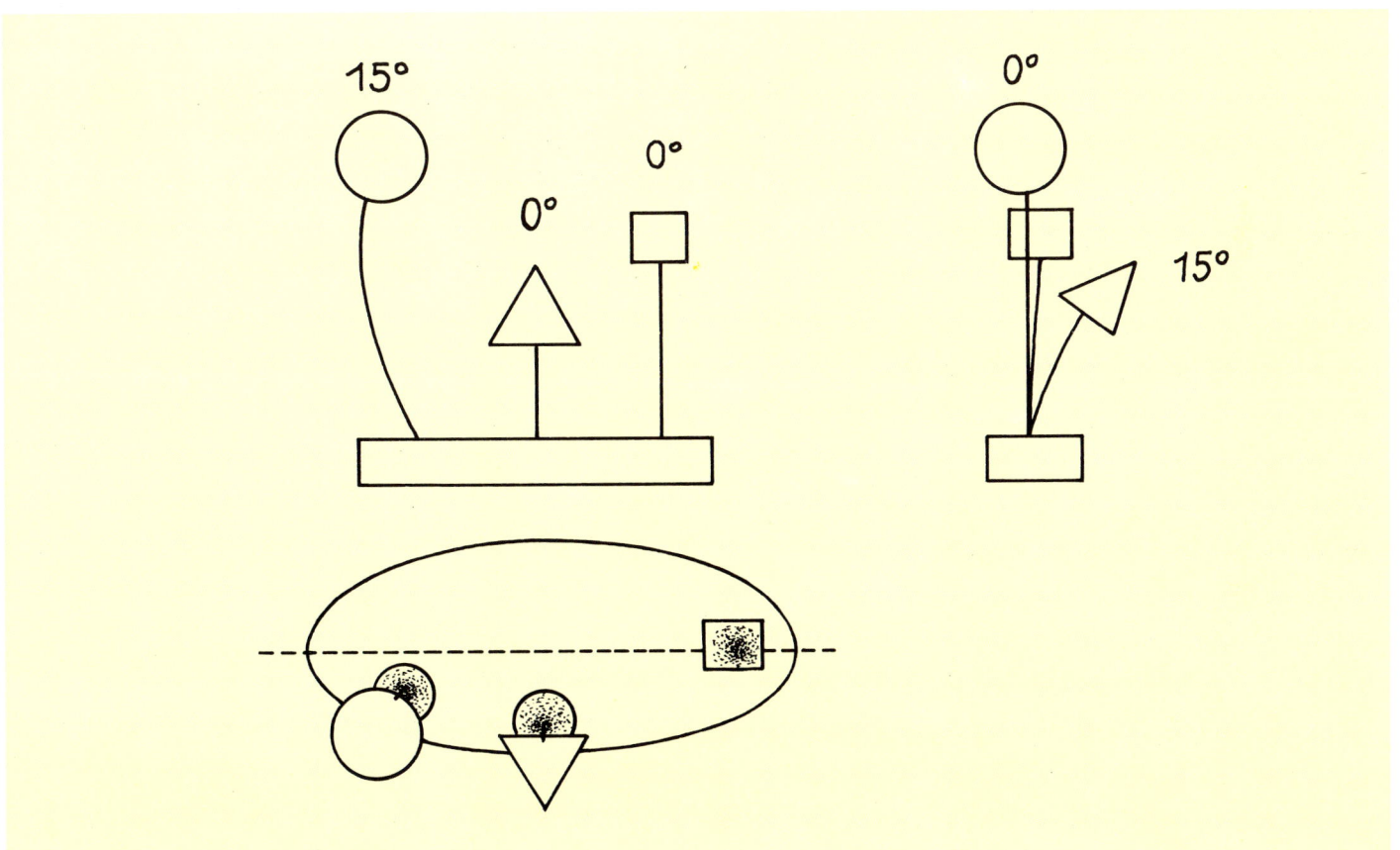

Das Miniatur-Arrangement

Unter dem Motto »kleine Geschenke erhalten die Freundschaft« ist das Miniatur-Arrangement stets ein willkommenes Präsent mit persönlicher Note. Zierliche Blumengebilde, die sich in den verschiedensten Varianten gestalten lassen, können recht hübsch aussehen und sind mühelos zu transportieren. Material und Gefäß sollten mit besonderer Sorgfalt ausgewählt werden, denn Grundgedanke und Sinn einer solchen Anordnung liegen darin, feine grazile Linien und Bewegungsformen trotz des bescheiden und kleingewählten Formates zum Ausdruck zu bringen. Alle großblütigen Blumen und pompös wirkenden Pflanzen scheiden bei dieser Voraussetzung aus. Verwendung finden vornehmlich Spitzen der Zweige, junge Triebe, Ausläufer von Wurzeln, zarte Ranken sowie kleine Blätter der Deutzie, Lonicere, Berberitze, Cotoneaster, Euonimus, Potentilla, Farne, Lärche, kleine Baumrindenstücke, Drehweide, Drehhasel, Ginster, Spiraea, Goldraute, Gräser, Schneebeeren usw. Geeignetes Blumenmaterial gibt es während des ganzen Jahres. z.B. Bergalpenveilchen, Traubenhyazinthen, Bellis, Christrosen, Azaleen, Enziane, Gartennelken, Purpurglöckchen, Knöterich, Vergißmeinnicht, Erika, Schneeheide, Milchsterne, Edelweiß, Zwerg-Astern, Zwerg-Zinnien, Chrysanthemen, Tränende Herzen, Nelkenwurz, Schleierkraut, Schleifenblumen, Trollblumen, Mimosen, Ginster, Immergrün, Kornblumen.

Besonders reichhaltig ist die Auswahl im Frühling, wenn die lieblichen kleinen Topf- und Gartenblumen blühen: Alpenveilchen, Primeln, Kalanchoe, Kamelien, Schlüsselblumen, Schneeglöckchen, Veilchen, Maiglöckchen, Scilla, Stiefmütterchen, Märzbecher und Krokusse.
Kleine Gebrauchsgegenstände, z. B. Aschenbecher, Emailleschälchen, Zahnstocherständer, Väschen, Ziergegenstände aus Messing und Kupfer lassen sich als Schalen verwenden. Darüber hinaus findet man auch eine Reihe geeigneter Materialien in der Natur. Das können Muscheln, vom Wasser ausgewaschene Kalksteine, bizarr geformte Rinden oder Wurzelstücke, aufgesägte Baumzapfen oder exotische Samenkapseln sein. Gefäße und Blumen bestimmen die Form der Anordnung, die sich keinesfalls zufällig ergibt, sondern in harmonischem Einklang auf drei bewährten Stilarten basiert.

Der himmelstrebende, aufrechte und geneigte Stil

Der himmelstrebende Stil ist eine traditionelle, klassische Form des Ikebana. Er beschränkt sich auf drei Hauptlinien, die sich einander zuwenden. Alle Linien werden fast senkrecht angeordnet und unterscheiden sich lediglich durch verschiedene Längen. Beim aufrechten Stil wird die längste Linie mit 15 Grad – also fast senkrecht – eingeordnet, während die beiden weiteren Linien in einem Winkel von 45 und 75 Grad stehen. Bei dem geneigten Stil hat der längste Punkt des Arrangements stets einen Neigungswinkel von 40 bis 45 Grad. Das Gesteck wirkt großzügig und ausladender als der schmal geführte aufrechte Stil. Bei den Miniatur-Arrangements wird er vorzugsweise nur mit zwei Hauptlinien gearbeitet. Beim hängenden Stil kann die längste Linie 100 bis 120 Grad geneigt sein.

Befestigungsmöglichkeiten bei Miniatur-Arrangements

Der Igel oder Kenzan
Bei Kleingestecken findet der Igel nur bedingt Anwendung. Häufig paßt er nicht in die engen Gefäßöffnungen hinein, bei flachen Behältern verdrängt er zu viel Wasser. Auch bei Dekorationen aus trockenen Pflanzen ist ein Igel unzweckmäßig, weil er dann für längere Zeit blockiert ist. In erster Linie kommt er für empfindliche, weichstielige Blumen in Frage, denn er sorgt dafür, daß frische Blumen und Zweige länger erhalten werden, als in der Blumensteckmasse.

Ton

Ton eignet sich zur Befestigung von Trockenblumenschmuck. Er muß vor der Verarbeitung luftdicht in einer Plastikfolie im Freien gelagert werden, damit er nicht austrocknet und unbrauchbar wird. Alle in Tonmasse eingesteckten Pflanzenteile können in keiner Weise verändert werden, wenn der Ton einmal abgebunden hat. Sie lassen sich auch nicht herausziehen, sondern allenfalls über der Tonmasse abschneiden.

Ton muß stets mit der Unterlage fest verbunden werden, sei es durch Verflechtung mit Draht oder Aufstecken auf mehrere Pinholder, die ihrerseits wieder mittels einer Klebemasse mit Teller, Korb, Baumscheibe oder Muschel eine feste Verbindung eingegangen sind. Daraus ergibt sich, daß Ton für Gebrauchsgegenstände, die später wieder ihrer ursprünglichen Bestimmung zugeführt werden sollen, nicht zu empfehlen ist.

Knetmasse

Zur Befestigung von Trockenblumen ist Knetmasse in der Verarbeitung unkompliziert und sauber und für Miniatur-Arrangements besonders gut geeignet. Zu berücksichtigen ist, daß die Knetmasse bei größerer Wärme weich wird und die Pflanzenteile — besonders stärkere und schwerere — sich verschieben können.

Mosy

Mosy ist geeignet für enghalsige, kleinflächige höhere Gefäßformen. Das zur Verarbeitung kommende Pflanzenmaterial sollte leicht und zierlich sein; dünne, feste Pflanzenstiele stehen besonders gut in Mosy.

Für Trockengestecke wird Mosy immer trocken weiterverarbeitet. Bei Dekorationen auf flachen Gegenständen, kleinen Tellern, Baumscheiben oder Rindenstücken ist zunächst dafür zu sorgen, daß die Unterlage absolut staubfrei ist. Alsdann wird ein Pinholder mit Oasis fix (floristische Klebemasse) auf der gewählten Grundlage aufgeklebt. Der höhere, entsprechend zugeschnittene Mosyblock wird auf die vier nach oben weisenden Nägel des Pinholders aufgesteckt. Erst jetzt wird das vorgesehene Pflanzenmaterial eingearbeitet.

Für frische Pflanzen muß die bereits zugeschnittene Blumensteckmasse zwei Stunden oder länger im Wasser schwimmen. Die Oberseite darf nicht beschwert werden; sie muß aus dem Wasser herausragen, damit die Luft den Poren entweichen kann. In Vasen, Muscheln und ähnlichen Gefäßen wird die nasse Steckmasse dem jeweiligen Hohlraum angepaßt. Es ist ratsam, die Einsteckpunkte für das dünnstielige Material mit einer feinen Stricknadel vorzubohren. Um das Austrocknen der Mosyfläche hinauszuzögern, sollte man diese nach Fertigstellung des Gesteckes mit frischem grünen Moos, kleinsten Muscheln oder Kieselsteinen abdecken.

Steht der Mosyblock völlig frei, z. B. auf einem flachen Glasteller, wickelt man ihn in Alufolie, die sich effektvoll dem Glas angleicht und vor allem das Austrocknen verhindert.

Für Baumrinde oder rustikale Tonteller packt man die Steckmasse in dunkelbraune, grüne oder graue Plastikfolie. Um Blumen oder Pflanzenstiele einführen zu können, ohne sie anzuknicken, muß die folienumhüllte Steckmasse stes vorgebohrt werden.

Kleinod

Material:
Schneeglöckchen (*Galanthus*), Schneeheide (*Erica carnea*), Kornelkirsche (*Cor-
nus mas*)

Die Zusammenstellung von zueinander passenden, zartgegliederten, kleinblütigen
Pflanzen ist Grundvoraussetzung für die Gestaltung dieser niedlichen Arrangements.
Welch eine Freude, wenn man im Februar die
ersten Schneeglöckchen entdeckt! Ihre
reinweißen Blütenglöckchen künden den
nahenden Frühling an. Zielstrebig und elegant zeigen sich ihre schmalen Blätter. Sie
müssen als erste den Weg zum Licht finden,
damit sie die später herauskommenden Blüten schützend umgeben können. Die reizen-
den Schneeglöckchen werden eingerahmt
von den goldgelben Blütenzweigen der Kornelkirsche, die leicht gebogen wurden, um
grazil und bewegt zu wirken. Auch die sich
noch hinzugesellte Schneeheide schwingt
ihre kleinen Glöckchen mit im Frühlingsge-
läut.

Blumen in drei Wegen

Material:
Fingerkraut (*Potentilla*), Federbuschnelken (*Dianthus*)

Selbst das kleinste Gesteck wirkt reizvoll, wenn das Material so gewählt wird, daß es entsprechend zierlich auf engstem Raum die Schönheit und Grazie der natürlichen Bewegungsform widerspiegelt.
Die abgebildete Schale hat einen Durchmesser von 7 cm. Die Höhe bis zum äußersten Punkt des Henkels beträgt 5 cm. Der längste Zweig mißt 9 cm, die Blumen haben eine Länge von 2 und 7 cm. In dem Körbchen wurde die geneigte Form der Variation »Blumen in drei Wegen« arrangiert. Die Shin-Linie, ein kleiner Zweig des Fingerkrautes, weist mit 45 Grad nach links und wird durch eine Nelke unterstrichen. Soe hat einen Neigungswinkel von 75 Grad nach vorn rechts, die Linie Hikae ist mit 15 Grad dem Betrachter direkt zugewandt. Kleinste Fingerkrautzweige und Steine verdecken den Igel, der das Gesteck trägt.

Duett

Material:
Strohblumen (*Helichrysum*), Wiesenknopf (*Sanguisorba*), Strandnelken (*Limonium*)

Aus dem kleinen Salz- und Pfeffergefäß quellen beidseitig üppig Blumen heraus. Der verhältnismäßig kleinflächige Gebrauchsgegenstand ist kurzfristig zweckentfremdend eingesetzt worden – etwa als Willkommensgruß zum Einzug in eine neue Wohnung. Es entspricht dem alten Brauch: ›Brot und Salz, Gott erhalt's‹. Über Monate kann das kleine dauerhafte Trockengesteck erfreuen. Völlig ohne Wasser werden die getrockneten Blumen und Pflanzenstiele in etwas Knety, Mosy oder Pinkitt eingesteckt. Durch die bewußte Aufgliederung nach Pflanzensorte und Farbe wirkt die Anordnung klar, geordnet aber nicht eintönig. Die rotgefärbten Strohblumen wachsen Blüte an Blüte dicht gedrängt aus einer Öffnung heraus. Als Gegengewicht erheben sich die weiß-rosablütigen Strohblumen hoch über das Gefäß, begleitet von den kräftig braunen Fruchtständen des Wiesenknopfes. Zartlila Strandnelken lockern die strenge Linienführung auf.
Ein Hauch Haarspray, zum Schluß über die Pflanzen gesprüht, verhindert das Ausbleichen der Farben im Sonnenlicht und macht die Blumen weniger staubempfindlich.

Reigen

Material:
Winterjasmin (*Jasminum nudiflorum*),
Bouvardie (*Bouvardia*)

Miniatur-Arrangements werden meistens so gearbeitet, daß sie von allen Seiten her ein abgerundetes harmonisches Bild ergeben. Eine günstige Ausgangsbasis bilden hierfür bogenförmig eingesteckte Zweige der Trauerweide, Weidenkätzchen, Winterjasmin oder schmale Farnwedel.

Das erwähnte Material wird etwas vorgeformt und dann mit beiden Enden gemeinsam so dicht wie möglich auf die Nadeln des Igels gesteckt. Man arbeitet die Bögen in verschiedenen Größen und gruppiert sie mit unterschiedlichen Neigungswinkeln in drei Richtungen ein. Eine schöne Umrahmung bilden die grasgrünen ginsterartigen Zweige des Winterjasmins. Während der Sommer- und Herbstmonate sind sie an der Oberseite mit dreizähligen gegenständigen Blättern besetzt. Die goldgelben Blüten erscheinen nach dem Abfallen der Blätter mitunter schon im Dezember, das heißt, die Zweige sind mit unterschiedlicher Wirkung das ganze Jahr über zu verwenden. Innerhalb der Bögen lassen sich nun die vorgesehenen Blumen einarbeiten.

Bei der Bouvardie handelt es sich um einen hübschen immergrünen Kalthausstrauch. Seine röhrenförmigen rosa Blüten bilden eine auffällige doldenähnliche Blüte. Für Minidekorationen ist sie ideal. Es empfiehlt sich, die Stiele vor dem Einstecken nochmals unter heißem Wasser anzuschneiden; sie halten dann wesentlich länger.

Glück im Winkel

Material:
Meerlavendel (*Limonium*), Mini-Zinnien
(*Zinnia*)

Um das Arrangement in der richtigen Rela-
tion zu sehen, wird hier die Größe der Pilz-
schale angegeben: Höhe 7 cm, größte Aus-
dehnung 8 cm. Es ist naheliegend, ein dem
Shoka-Stil entsprechendes Arrangement in
das der klassischen Form nachgebildete
Pilzgefäß einzuarbeiten.
Da die Öffnung des Gefäßes für einen Igel zu
klein ist, wurde ein Mosy-Block maßgerecht
zugeschnitten, über zwei Stunden im Wasser
freischwimmend eingeweicht und anschließend in die Gefäßöffnung gedrückt. In der
gleichen Reihenfolge wie auf dem Igel werden nun die drei Hauptpunkte in das feuchte
Mosy gesteckt, beginnend mit der Linie Shin,
die 2–2½mal Durchmesser plus Höhe der
Schale haben kann. Soe steht direkt hinter
Shin und neigt sich mit 15–20 Grad nach links
hinten. Beide Linien sowie ein weiterer kleiner zur Ausschmückung dienender Zweig
sind aus den grazilen Rispen des Meerlaven-
dels gebildet worden. Gleich einer Aufforderung tanzen sie über den lieblichen Gesich-
tern der Mini-Zinnien. Alle Linien werden im
Shoka hintereinander in einer Fluchtlinie
eingesteckt, so daß Hikae nun vor Shin steht
und mit 45 Grad nach vorn rechts geneigt
wird. Die beiden weiteren Zinnien sind zur
Unterstützung gedacht, dürfen aber die
Hauptlinie in keiner Weise beeinträchtigen.

Selbstgefertigte Gefäße

Das schöpferisch Kreative der Ikebana-Ge-staltungsweise auf die Gefäßform übertragen zu können, ist wohl der Wunsch eines jeden Gestalters. Die herkömmliche schlichte run-de, quadratische oder längliche Schale ent-spricht mit einemmal nicht mehr seinen Vor-stellungen. Es reizt ihn, den Rahmen zu sprengen und nach neuen Möglichkeiten zu suchen.

Individuell künstlerische Gefäße sind oftmals sehr teuer und die Gelegenheit, selbst zu töp-fern, ist nicht immer gegeben.

Die folgenden Seiten sollen ein paar Anre-gungen vermitteln, wie sich ohne großen Aufwand mit etwas Geschick und Einfüh-lungsvermögen Gefäße oder Behälter selbst herstellen lassen.

Baumgefäß

Material:

Ausgehöhlter Baumstamm oder Baum-scheibe, Buchenzweige (*Fagus*), Tulpen (*Tulipa*)

Rindenstücke, ausgewaschene Steine, Mu-scheln und ausgehöhlte Baumstämme oder Wurzelknorren können als Gefäßform die-nen. Das entsprechende Material muß ge-sucht werden. Ausgehöhlte Baumstämme sind in den Wäldern keine Seltenheit. Es be-steht natürlich die Möglichkeit, eine beson-

ders schön gemaserte Baumscheibe von 8–10 cm Stärke künstlich auszuhöhlen. Der Rand sollte in ungleichem Abstand von ca. 2–10 cm ringsherum erhalten bleiben.

Um eine glatte Fläche zu erzielen, ist das Holz gründlich mit der Drahtbürste zu reinigen und alsdann sorgfältig abzuschmirgeln. Eine wasserdichte Blech- oder Kupferwanne wird dem Hohlraum entsprechend eingearbeitet. Das Holz muß anschließend präpariert werden, und zwar zunächst mit Silamon. Danach wird es zwei- bis dreimal mit Bootlack überzogen.

Das noch stark gefaltete, aufbrechende junge Buchenblatt mit den hellbraunen Schuppen wirkt in der natürlichen Holzschale sehr harmonisch. Das Arrangement wurde nach den Regeln des Berg-und-Tal-Stiles aufgebaut. Shin, der Berg, mißt 2 x Durchmesser plus Höhe der Schale und steht fast senkrecht auf dem Igel. In der unteren Hälfte ist dieser Zweig bewußt kräftiger und belaubt belassen worden, damit er sich der großflächigen Schale anpaßt. Soe, das Tal, wird mit 75 Grad nach vorn weisend eingeordnet. Zwischen Berg und Tal dehnt sich die Erde mit den lustigen Tulpen der Sorte Cordell Hull aus, die mit 45 Grad dem Beschauer entgegenwachsen.

Aus starker Pappe schneidet man dann den 4 cm breiten Rand zu, dessen Innenseite ebenfalls mit Birkenrinde beklebt wird. Dieser Rand wird nun mit Blauköpfen an der Sperrholzplatte festgenagelt, die Enden verklebt man.

Eventuell überstehende Rindenteile sind sorgfältig am Papprand abzuschneiden. Erst dann sollte auch die äußere Seite mit Rinde versehen werden.

Drei Füße aus 3 cm hohen Papprollen, die wiederum mit Rinde zu beziehen sind, tragen die Schale.

Damit die Pflanzen mit Wasser versorgt werden können, stellt man ein größeres Gefäß oder mehrere kleine Gefäße in die Birkenschale hinein.

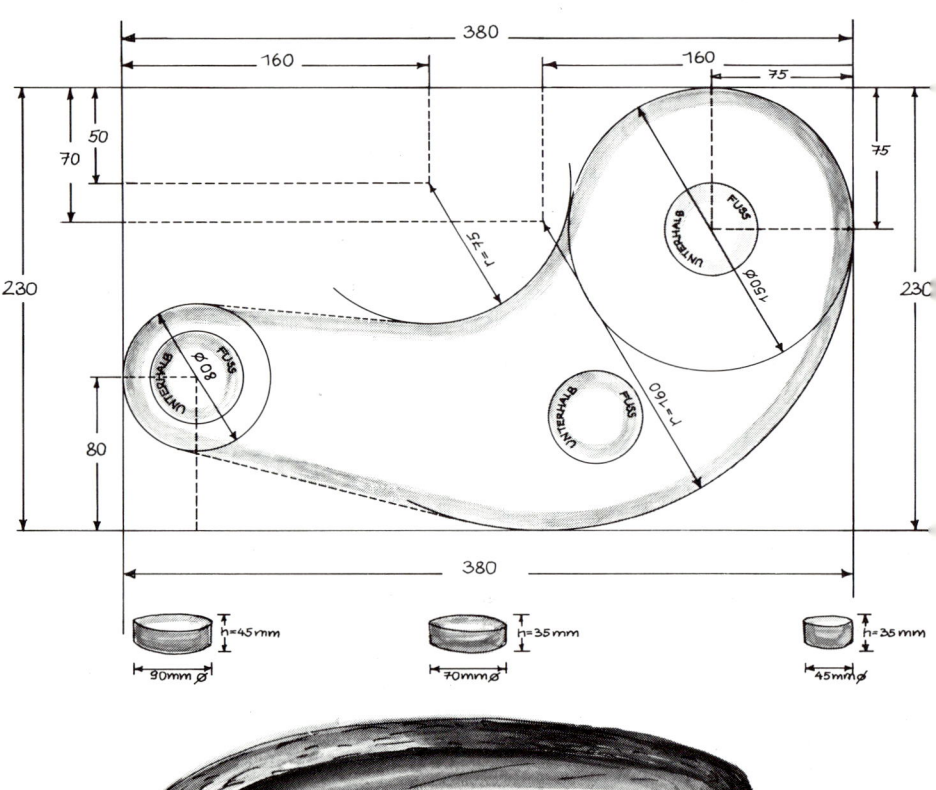

Birkenschale

Material:
Sperrholz, Birkenrinde, Pappe

Die Grund- bzw. Bodenplatte wird aus ca. 5 mm starkem Sperrholz in einer gefälligen Nierenform ausgesägt und anschließend mit abgeschälter dünner Birkenrinde beklebt.

34

Irisgarten

Material:
Gefäß Birkenschale.
Schwertlilie (*Iris*), Spierstrauch (*Spiraea*),
Japanische Quitte (*Chaenomeles japonica*)

Der Frühling ist da mit seinem Blütenreichtum, die Natur ist voll erwacht. Die prächtig geschwungenen Zweige mit ihren frischen Farben veranschaulichen die ungebändigte Kraft der Natur. Weit ausschwingend offenbaren sie ihre zauberhaften Blüten bis hin zur kleinsten Knospe. Sie erfüllen den Raum mit neuem Leben, mit Hoffnung und Freude.

Die großflächige nierenförmige Birkenschale bildet einen harmonischen neutralen Rahmen für den farbenfrohen Blumenschmuck. Die Pflanzen entfalten sich von einem Punkt aus zu der verschwenderischen Blütenfülle einerseits und zu der anmutigen, die Schalenfläche mit einbeziehenden Linie andererseits. Die Iris haben im Frühling ihre volle Länge noch nicht erreicht und werden entsprechend kurzstielig angeordnet. Die lieblichen, mit Sternblüten übersäten Zweige des Spierstrauches verbinden die beiden intensiven Farbtöne miteinander und sorgen gleichzeitig für einen weichen natürlichen Übergang zu der hellen Birkenschale. Die drei Hauptlinien werden jeweils durch einen gelichteten Zweig der Japanischen Quitte symbolisiert.

Blumenkörbchen

Material:

Gespaltenes ca. 5 mm breites Peddigrohr, Bast- oder Baumwollstickgarn, Alleskleber, Lackbeize oder Farblack, Bindfaden

Vom Peddigrohr schneidet man 36 Stücke von ca. 85 cm Länge und weicht diese in lauwarmem Wasser ein. Je 9 Stücke bindet man dann übereinanderliegend in der Mitte mit Bast oder Stickgarn fest zusammen.

Die Rohrenden zu beiden Seiten der Wicklung werden einzeln, oben beginnend, immer eins von links, eins von rechts, übereinandergelegt. So entsteht eine Öse bzw. Schlaufe von 4 cm x 5,5 cm im Durchmesser (Abb. I).

Die Kreuzungspunkte bindet man mit Bindfaden zu Knoten und Schleife fest zusammen (Abb. II).

Die vier Ösen oder Schlaufen werden so, wie Abb. III zeigt, übereinandergelegt und mit Stickgarn oder Bast umwickelt. Die Form des Körbchens ist nun schon erkennbar.

Das zweite Kreuzen der Peddigrohrbündel wird diesmal mit dem von rechts innen kommenden Rohrstück begonnen, dann weiter von links, rechts, links usw. Auch hier werden die Kreuzungspunkte mit Bindfaden (Knoten und Schleife) zusammengehalten.

Bei der dritten Kreuzungsrunde wird wieder links innen begonnen wie beim ersten Arbeitsgang. Diese Kreuzung liegt innen etwa 21 cm, außen 28 cm von der Wicklung auf Abb. I entfernt. Ein viertes Mal werden die Peddigrohrstücke noch gekreuzt, diesmal rechts innen beginnend. Danach fixiert man wieder mit Bindfaden.

Das Körbchen wird nun umgedreht und die jetzt oben liegende Bindfadenrunde gelöst (Abb. II). Auf den Kreuzungsstellen wird Alleskleber aufgetragen, der in die Zwischenräume laufen muß. Nach entsprechender Wartezeit drückt man alles fest zusammen. Eventuell kann auch der Bindfaden noch einmal herumgewickelt werden, um den Druck auf die Klebestelle für kurze Zeit zu verstärken.

Nacheinander sind nun die zweite und dritte Kreuzung in gleicher Weise zu verkleben. Der vierten Kreuzungsrunde sollte man durch kreuzweises Verknoten mit Bast oder Stickgarn einen zusätzlichen Halt verleihen.

Die überstehenden Peddigrohrstücke werden abgeschnitten, und zwar wie auf der Zeichnung von außen nach innen länger werdend (1 bis 2,5 cm).

Ein aus einem langen Stück Peddigrohr gewundener Ring von etwa 10 cm Durchmesser wird zuletzt unter der innen oben liegenden Öse festgebunden. Das Körbchen erhält dadurch eine leichte Neigung nach einer Seite. Wenn es vollkommen trocken ist, kann es mit Lackbeize oder farbigem Lack gestrichen werden.

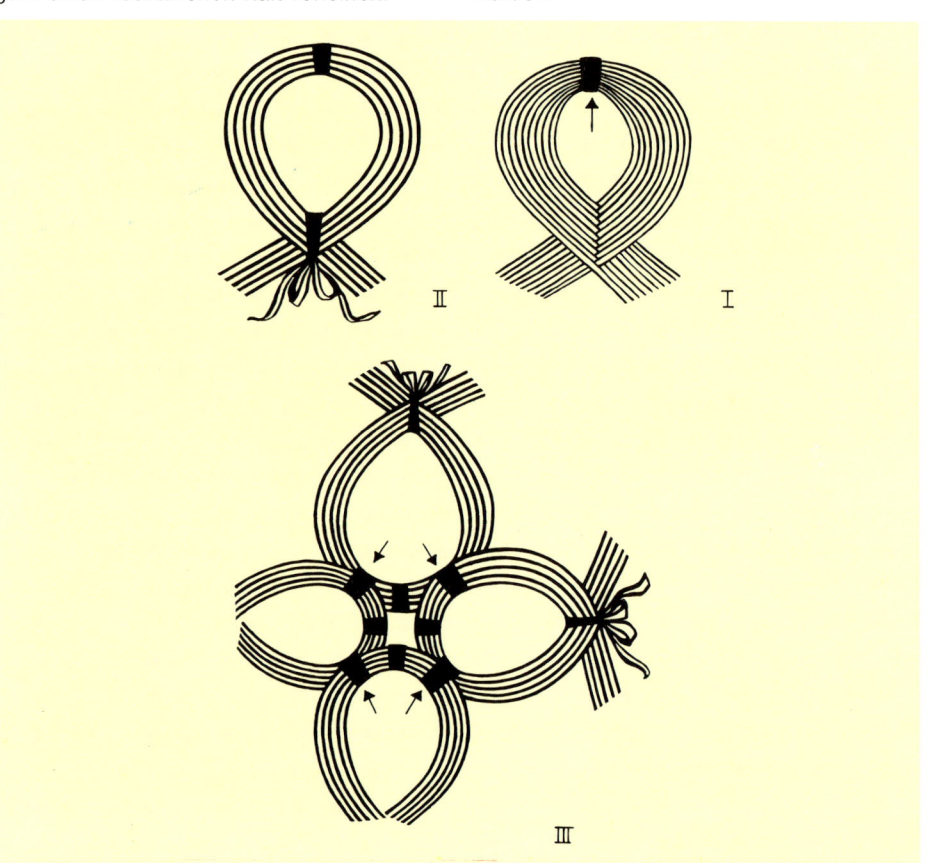

Frohe Fahrt

Material:
Gefäß Blumenkörbchen.
Ranunkelzweig (*Kerria*), Stiefmütterchen
(*Viola Wittrockiana-Hybriden*), Kriechendes
Pfaffenhütchen (*Euonymus*)

Das gearbeitete Körbchen kann auch als
Bootform dienen. Ein kleines, unauffälliges
Wassergefäß wird dann in seine Mitte gestellt, um die frischen Blumen zu versorgen.
Die grünen Zweige des gelbblütigen Ranunkelstrauches lassen sich biegen. So zieht der
kleine Nachen wie mit einem aufgeblähten
Segel freudig dem Ziel entgegen. Er hat ein
lustiges Trüppchen an Bord. Erwartungsvoll,
fast schelmisch sehen die Stiefmütterchen
aus den Luken hervor. Die reichlich geladene
Fracht wird durch den fülligen Euonymus-
zweig zum Ausdruck gebracht.

Dreieckiges Körbchen

Material:
Gebügeltes Rohr, 15 mm breit,
gespaltenes Peddigrohr, 4 mm breit

Das gebügelte Rohr von 15 mm Breite in vier Stücke von jeweils 75 cm Länge schneiden (Ziffern 1–4 der Skizze), in zwei Stücke von 80 cm Länge für den Rand und in 24 Stücke von 9 cm Länge (für die Querleisten, Ziffern 7, 8, 9 usw.) schneiden. Für die beiden Kanten (I und II der Skizze) werden zwei weitere Rohrstücke von 9 cm Länge gespalten. Das gespaltene Peddigrohr wird in vier Stücke mit 75 cm Länge und in zwei Stücke von etwa 1,50 m Länge geschnitten.
Zur Verarbeitung alle Teile in Wasser einweichen, um ein Brechen zu verhüten. Die brei-

ten Streifen 1, 2, 3 und 4 werden nebeneinandergelegt und durch Verflechten mit den geteilten Streifen I und II an einem Ende miteinander verbunden; mit Büroklammern oder Wäscheklammern zusammenhalten. Anschließend werden die Rohrstreifen 7, 8, 9 bis 30 in gleichmäßigem Abstand eingeflochten, als Randverstärker die gespaltenen Streifen III und IV wie I und II. Kanten wieder mit Klammern zusammenhalten.
Die Streifen 1 und 4 werden nun herausgezogen und durch je zwei Streifen Peddigrohr verflochten ersetzt.
Nun liegt ein Geflechtstreifen von 75 cm Länge und 9 cm Breite auf dem Tisch. An den mit Pfeilen gekennzeichneten Stellen werden nun die Streifen mit Alleskleber verklebt. Die beiden Enden werden miteinander verbunden, und zwar im Wickelstich mit dem

1,50 m langen, gespaltenen Peddigrohr.
Nun wird der Streifen 1 innen und der Streifen 5 außen am oberen Ende des Kreises angelegt und die I und II umstechend verdeckt. Dann wird die Arbeit gedreht und die neue Oberkante mit dem zweiten 150 cm langen Band über Streifen 4 innen und 6 außen umwickelt. Anfang und Ende werden jeweils möglichst unsichtbar auf der Innenseite verflochten und abgeschnitten. Alles wird nun noch einmal in Wasser eingeweicht und sodann zwischen drei schwereren geradewandigen Kästen zum Dreieck geformt und getrocknet. Nach dem Trocknen wird die untere Kante noch einmal durch ein nasses schmales Flechtband in diesem Dreieck verbunden, damit es nicht wieder rund wird.
Das Dreieck kann nun gebeizt oder gefärbt und lackiert werden.

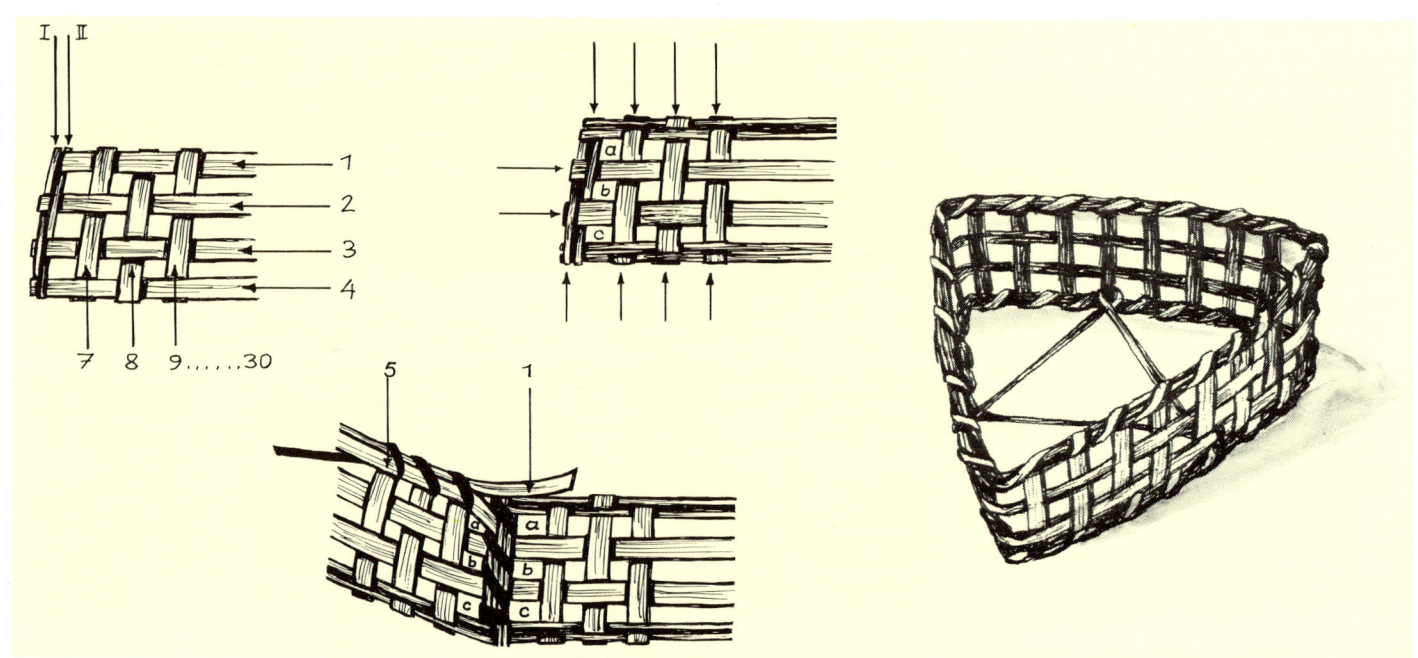

Sonnentanz

Material:
Gefäß dreieckiges Körbchen.
Gerstenähren (*Hordeum vulgare*), Löwenmäulchen (*Antirrhinum*), Bartnelken (*Dianthus barbatus*)

Der Aufbau des Arrangements entspricht der
Dreiecksform des Körbchens. Das gewählte
Material ist so zusammengefügt worden, daß
jeweils gleichartige Pflanzen dicht neben-
einanderstehend wie aus einem Wachstumspunkt hervorgehen. Darüber hinaus
sollten die drei verschiedenartigen Pflanzen
so miteinander verschmelzen, daß sie eine
Einheit bilden. Die äußeren Spitzen der
Hauptlinien dürfen beschwingt auseinander-
streben, während sich die Stiele an der Basis
dicht sammeln, um aus einem Punkt hervor-
zugehen.
Die grazilen langen Grannen der Gerste wirken besonders dekorativ, wenn sie, um
Fruchtlänge versetzt, mit dem Stielrücken
gebündelt, nebeneinander stehen. Die dicht
gruppierten Gerstenähren bilden in dem Beispiel sowohl die längste als auch die kürzeste
Hauptlinie. Verstärkt wird der höchste Punkt
durch die Zuordnung der Löwenmäulchen.
Beim Arrangieren ist darauf zu achten, daß
die hellste, optisch am leichtesten schei-
nende Blume, auch die längste bleibt. Die
mittlere Linie ist durch ein nach außen ge-
richtetes Löwenmäulchen deutlich erkennbar und wird von zwei Bartnelken untermalt.
Die flächige Blütenform dieser haltbaren
Gartenblume ist eine gelungene Ergänzung
und Verbindung zu Löwenmäulchen und
Gerstenähren.

Mondgefäß mit Rosen

Material:
Peddigrohr, Birkenreisig, Bambusstäbe.
Heckenrosen (*Rosa canina*), Schleierkraut
(*Gypsophila*), Sommer-Rittersporn
(*Delphinium*)

Durch Biegen und Formen von Zweigen lassen sich Gefäße selbst herstellen. Ein Beispiel hierfür ist das aus Birkenreisig geformte
Mondgefäß.
Das dünne Reisig wird von Blättern befreit,
dicht aneinandergelegt und mit 2 mm starkem Peddigrohr zusammengeflochten. In
der mittleren Partie, die gleichzeitig die
Standfläche für den einzuarbeitenden Was-
serbehälter ist (dieser kann der Deckel einer
Haarspraydose oder eine kleine Schale sein),
muß das Flechtwerk etwas dichter werden.
Soll das Mondgefäß stehen, werden unter die
Standflächen zwei hohle Bambusstäbe von
1,5 cm Durchmesser mitbefestigt. Nach oben
hin soll die Form des Mondes leicht und
schmal wirken. Deshalb wird hier das sich
verjüngende Birkenreisig mit Peddigrohr fest
und eng umwickelt. Aus verschlungenem
Peddigrohr kann man zum Schluß noch einen Henkel formen, den man mit Draht und
Bast haltbar mit der Gefäßform verbindet.
Das beschriebene Mondgefäß kann mit Blumen dekoriert werden. Bei der Gestaltung
des aufgehenden Mondes ist die längste
Hauptlinie, Shin, mit 10–15 Grad zur Rechten
eingeordnet worden und darf das Gefäß
überragen. Die zweite Linie, Soe, ist nur 3/4 so
lang und weist mit 45 Grad nach links. Hikae,
die Erde, folgt dieser Bewegung mit 75 Grad.
Verstärkt und untermalt werden die beiden
kürzeren Linien durch das zarte Schleierkraut und die kräftigen blau-lila Farbtöne des
Rittersporns.

Bootgefäß

Material:
Trauerweidenzweige, Strohhalme, Binsen.

Aus Trauerweidenzweigen, Strohhalmen, Binsen oder Strohmanschetten, wie sie ab und zu noch als Verpackung von Weinflaschen gebraucht werden, läßt sich ein Bootgefäß arbeiten. Ähnlich wie für das Mondgefäß legt man Stroh, Binsen, Peddigrohr oder Hängeweide in Stücken von 50–60 cm Länge parallel dicht nebeneinander. Das vorliegende Material wird dann mit naturfarbigem Kunststoffbast und zur Verstärkung stellenweise mit Silberdraht im Stopfstich zu einem Geflecht verbunden. Dieses Geflecht muß sehr dicht gearbeitet werden, damit durch das Trocknen keine zu großen Zwischenräume entstehen.
Eine längliche schmale Schale (12–15 cm lang und 4–6 cm breit) wird sofort nach Fertigstellung der Matte in deren Mitte gestellt. Sobald die Schale in der Mitte steht, werden die freien äußeren Enden mit in Bast gehüllten Silberdraht so zusammengefaßt, daß sie beidseitig etwa 5 cm weit überstehen. Während des nun folgenden Trocknungsprozesses bildet und festigt sich die gewünschte Form.

Fächer

Material:
Peddigrohr oder Bambus

Als Dekorationselement kann man aus Peddigrohr einen Fächer arbeiten. Dazu benötigt man 2 und 5 mm starkes Peddigrohr und ein ca. 10 cm langes Stück Kupferdraht.
Zuerst schneidet man von dem stärkeren Peddigrohr 11 Staken von je 36 cm Länge ab. Nach kurzer Einweichzeit werden sie gerade gebogen und 6 cm von einem Ende entfernt mit einem dünnen Bohrer durchbohrt. Durch die Bohrlöcher wird der Kupferdraht geführt und Stake für Stake aufgereiht, die Drahtenden werden beidseitig umgebogen. Von dem so entstandenen Drehpunkt aus legt man die aufgereihten Staken fächerförmig auseinander, so daß sie einen Winkel von etwa 110 Grad bilden, d. h. der Abstand von der rechten zur linken äußeren Spitze kann 50 cm betragen.
Das dünne, eingeweichte Peddigrohr wird nun 8 cm über dem Drehpunkt eingearbeitet. Um die äußerste Stake legt man einen Peddigrohrfaden, mit dessen Enden man die

Staken nacheinander schleifenförmig verflechtet. Danach wird mit nur einem Peddigrohrfaden weiter geflochten, bis der Geflechtstreifen 2 cm breit ist. Die beiden Enden werden möglichst wenig sichtbar eingearbeitet, längs der Staken eingesteckt und später abgeschnitten.
Der zweite 2 cm breite Streifen, vom Drehpunkt aus 16 cm entfernt, wird wie der erste eingezogen.
Nach einem Abstand von 24 cm vom Drehpunkt beginnt der dritte Streifen, bei dem in der ersten Flechtreihe mit doppeltem Peddigrohr zwischen den einzelnen Staken jeweils zweimal die Fäden gekreuzt werden, um eine größere Stabilität zu erreichen. Für die letzte Reihe dieses 2 cm breiten Flechtstreifens holt man das Ende des freien Fadens der ersten Reihe nach oben und flicht wieder mit zwei Fäden und doppeltem Kreuzen zwischen den Staken. Die beiden Peddigrohrfadenenden arbeitet man in den Geflechtstreifen ein und schneidet sie dann ab. Zuletzt streicht man mit Lackbeize.
An Stelle des dicken Peddigrohres kann bei diesem Fächer auch gespaltenes Bambusrohr verwandt werden.

Stolz und Bescheidenheit

Material:
Holzreif, Spanholz, Holzstab.
Weigelien (*Weigela*), Lilien (*Lilium*),
Tamariske (*Tamarix*)

Der Holzreif eines Wagenrades bzw. der stützende Ring, wie er ab und zu noch an runden Tischen zu finden ist, bildet den Rahmen für das nächste Arrangement.

Auf einer 1–2 cm starken Spanholzplatte in der Größe 60 x 60 cm wurde der Reif mit Schrauben befestigt. Zwischen Holzreif und Platte sind daumenstarke Rundhölzer, die das Gewicht abfangen, unterlegt worden. Ein im Innenraum des Reifes befestigtes flaches Brett ist die standsichere Auflagefläche für das schwarze Pilzgefäß.

Das ganze plastische Gebilde wurde zweimal mit einem Mattlack gestrichen. In der pilzförmigen Schale liegt zur Befestigung für das Arrangement ein runder Igel.

Das ausschmückende Pflanzenmaterial sollte sich fast ausschließlich im Inneren des Kreises bewegen. Die dunkelroten Blütenglocken der Weigelie ergeben einen würdigen Gleichklang mit den weißen sakralen Lilien. Weit breiten die Blütenzweige ihre geschwungenen Linien aus, ehrfurchtsvoll zurücktretend vor dem Glanz und der Vollkommenheit der Lilien. Ein kleiner zartduftiger Tamariskenzweig im Vordergrund ist als Untermalung beigegeben.

Große Arrangements für Diele und Wohnräume

Es erscheint oft schwierig, in einer Bodenvase einen passenden, nicht zu aufwendigen Blumenschmuck zu gestalten. Bei richtiger Planung jedoch ist dies verhältnismäßig leicht.

Unter Berücksichtigung auf Größe, Form und Farbe des zu verwendenden Gefäßes sollte zunächst geeignetes Material besorgt werden.

Für Bodenvasen, die zur ständigen Dekoration in der Wohnung stehen, empfiehlt es sich, einen dauerhaften Grundaufbau zu wählen, also Pflanzenteile und Materialien, die nicht ausgewechselt werden müssen. Frischer, stets aufs neue hinzugearbeiteter Blumenschmuck sorgt dann für einen ständigen Wandel des Gesamtbildes.

Je nach Vasenart, rustikal oder elegant, gemustert oder einfarbig, bieten sich für den Grundaufbau mehrere Möglichkeiten an:

Rebstöcke

Alljährlich im Spätherbst nach der Weinlese werden in den Weinanbaugebieten ältere Rebstöcke ausgehauen. Das ist die Zeit, knorrige, verholzte, krumm gewachsene Rebstöcke mit Jungaustrieben zu erwerben. Bevor man sie weiter verarbeitet, werden sie mit einer Wurzelbürste vorgereinigt. Lockere Rindenstücke, hinter denen sich Ungeziefer verbergen kann, sind zu beseitigen. Es lohnt sich, die äußere Rinde mit Schälmesser und Schmirgelpapier gänzlich zu entfernen, da sie keinerlei Schmuckwert besitzt. Beim Abschmirgeln sollte man verknorpelte Stellen etwas intensiver behandeln, um hell und dunkel abschattierte Flächen entstehen zu lassen, die beim anschließenden Lackieren mit Bootlack wirkungsvoll hervortreten.

Entsprechend vorbereitete Rebstöcke nagelt man so zusammen, daß sich je eine nach oben strebende und eine nach unten abfallende Linie ergibt. Der Schnittpunkt beider Weinstöcke liegt der Vasenfläche auf und wird mit Hilfe von 1–2 dicken Blumenspiralen, die in das Innere der Vase hineinreichen, fest verankert. Der aus 2–3 Rebstöcken erstellte Grundaufbau bleibt nun für längere Zeit mit der Vase fest verbunden.

Die Komposition erhält durch den Wandel der Blumen, Zweige und Blätter stets ein neues Aussehen.

Passende Blumen sind Anthurien, Strelitzien, Chrysanthemen, Sonnenblumen, Artischocken, Proteen, Ananas, Heliconia, Lampionblumen, Allium, Lilien, Gladiolen, Weihnachtssterne und Amaryllis.

Passende Zweige sind Blütenzweige, Beerenzweige, wilder Wein, wilde Clematis, wilder Hopfen, Paprika, Kiefernzweige, Mahonie und Platanenzweige.

Trockene Fruchtstände wie Maiskolben, Mohnkapseln, Artischocken, Zierlauch, Lotos, Zierquitte, Schafgarbe, Zierkürbisse eignen sich gut.

Pampasgras, Lampenputzergras, Schilf und Blätter von Aukuben, Rhododendron, Philodendron, Gummibaum, Schusterpalme sind haltbar und für den Grundaufbau zu empfehlen.

Gräser

Pampasgras (*Cortaderia Selloana*), Schilf (*Phragmites*), Maiskolben, Lampionblumen (*Physalis*), Rohrkolben (*Typha*) sind ein hübscher bleibender Schmuck, der über Monate erfreut.

Schneezweige

Die künstlich hergestellten Schneezweige wirken wie natürlich, wenn man schöngeformte Birken-, Erlen- oder Lärchenzweige in Moltofill taucht. In Verbindung mit frischem Tannengrün und rotem Beerenschmuck von Ilex-Zweigen oder Eibe (Taxus) können sie einen lange haltenden Bodenvasenschmuck darstellen.

Flechten, zapfenbesetzte, kahle Zweige

In den Wintermonaten sind es Flechten oder Zweige mit Zapfenschmuck wie Erle, Lärche oder Kiefer, die als Grundgerüst in der Vase stehen bleiben. Belebend wirkt hinzugefügtes frisches Tannen- oder Kieferngrün sowie Silberdisteln und gebogene Besenginsterzweige, silber, gold oder weiß angesprüht. Frischer Blumenschmuck (Weihnachtssterne, Euphorbien, Chrysanthemen, Mimosen) kann natürlich mit eingearbeitet werden.

Palmblätter oder Baumpilze

Ein bleibender Schmuck sind gebleichte Palmblätter, die man fächerartig von der Vasenöffnung ausgehend aufbaut. Ähnlich in der Wirkung und Anordnung sind makellos gezeichnete Baumpilze, die man nach dem Trocknen mit Bohnerwachs poliert oder mit Silamon präpariert. Die oft steinharten Baumpilze müssen mit einem Bohrer angebohrt werden, damit sich zur weiteren Befestigung Steckdrähte einziehen lassen.

Bunt gestrichene Zweige

Material:

Edgeworthienzweige (Edgeworthia papyrifera), Flamingoblume (Anthurium), Tränenkiefer (Pinus wallichiana)

Bei Zweigen der Rainweide (Liguster), Edgeworthia oder Lianen läßt sich die äußere Rinde in frischem Zustand leicht abschälen. Zutage tritt dann eine helle, bastartige Unterschicht, die farbig angestrichen werden kann.
Weiche Zweige wie Weiden und Lianen sind mühelos zu Spiralen oder Kreisen formbar. Bei den geradewachsenden, festeren Zweigen wie Liguster oder Edgeworthia hingegen läßt sich die Form nicht verändern. Ihre mehrfach verzweigten Äste werden für moderne Aufbauten ineinandergesteckt. Dekorative künstlich gebleichte Zweige wie Edgeworthia- und Weidenzweige sind im Handel erhältlich.
Die Zweige sind mit ihren Spitzen so ineinandergesteckt worden, daß sie sich ohne weitere Befestigung in der gedachten Form halten. Bewußt wird hierbei einmal das dickere Zweigende und einmal die dünnere Zweigspitze in den Vordergrund gerückt. Die ausschmückenden Blumen sollen einen gelungenen Farbkontrast zu den hellen Zweigen ergeben.
In dieser Komposition wurden zwei gleichartige Zylindervasen durch die Zweiganordnung miteinander verbunden. Bemerkenswert ist bei diesem Aufbau die unterschiedliche Blütenstellung der Anthurie.
Die Haltbarkeit der Tränenkiefer läßt sich noch verlängern, wenn man ihre Nadeln vor dem Arrangieren in eine starke Zuckerwasserlösung taucht.
Die geschälten, gebleichten oder gefärbten

Zweigstiele sollten möglichst nicht ins Wasser reichen. Ergeben sich aber unvermeidbare Berührungspunkte, müssen diese mit Bootlack überzogen werden. Zusätzlich erhalten sie einen Fäulnisschutz durch eng aneinandergefügte Umwicklungen von weißem Isolierband bzw. Guttacoll.
Die Befestigung in der Vase besteht aus einem hölzernen Vasenkreuz (Kubari).

Blumen, die zu den Zweigen passen, sind Strelitzien, Proteen, Orchideen, Zierlauch, Gerbera, Zinnien, Chrysanthemen ›Sorte Rayonnante‹, Amaryllis, Gladiolen, dunkelblütige Sonnenblumen, Lampionblumen, Lilien, Calla, große Rhododendronblüten und Weihnachtssterne.
Als Zweige eignen sich entblätterte Beerenzweige des Sanddorns, Feuerdorn, Eberesche, Pfaffenhütchen, Schlehe, Hagebutte, Schönfrucht, Kiefer und Zwergmispel.
Blätter von Aukuben, Rhododendron, Skimmien, Lorbeerkirschen, Mahonien, Philodendron sowie Farnwedel sind günstige Ergänzungen.

Birkenzweige

Material:
Birkenzweige *(Betula pendula),* Pampas-gras *(Cortaderia selloana),* Chrysanthemen *(Chrysanthemum)*

Kahle, nicht zu starke Birkenzweige gehören zu den fest einzubauenden Komponenten einer Bodenvasendekoration.

Die drei verschieden langen Zweige sind durch Nägel fest miteinander verbunden worden. Als Vasenbefestigung dient hier ein perlonumzogener Maschendraht mit einer Maschenweite von 50–60 mm Durchmesser. Das Drahtgeflecht muß bei dem Gewicht des zu haltenden Materials bis zum Vasenboden reichen. Maschendraht läßt sich, leicht zusammengedrückt, gut in die Vase einführen. Neben den Birkenzweigen sind auch die beiden Pampasgräser sehr dauerhaft. Sie sollten nach dem Schnitt etwa 14 Tage noch im Wasser stehen, damit sie sich voll entfalten können. Danach werden sie trocken eingesteckt und zum Haltbarmachen mit Haarspray allseitig besprüht.

Damit man sich lange an der großen Blüte der Chrysantheme erfreuen kann, ist zu beachten, daß die großblütigen Sorten besonders empfindlich auf Druck und Stoß reagieren; ihre Blüttenblätter fallen dann leicht aus. Sollte das einmal passieren, besteht die Möglichkeit, mit ein paar Tropfen Kerzenwachs die schadhafte Stelle auf der Rückseite zu löten. Braun gewordene Blütenblätter sollte man niemals auszupfen, da es sonst unweigerlich zum Abrieseln weiterer Blütenblätter kommt; man schneidet sie mit der Schere ab. Die Stielenden der Chrysanthemen werden vor dem Einstellen in die Vase abgebrochen und nicht mit der Schere abgeschnitten. Es empfiehlt sich außerdem, die Stielenden etwa 3 cm tief 2 Minuten lang in kochend heißes Wasser zu tauchen.

Zu diesem Grundaufbau passen ferner Anthurien, Calla, Proteen, Artischocken, Strelitzien, Amaryllis, Gladiolen, Lampionblumen und Lauch.

Die Zweige von Kiefer, Buche, Eiche, Ahorn, Mahonie, Lärche, Zeder und Wacholder eignen sich gut.

Farnwedel, die Blätter von wildem Meerrettich, Funkien und Aukuben bilden ein harmonisches Beiwerk, ebenso Baumpilze.

Originelle Zweige

Material:
Drachenweide *(Salix sachalinensis ›Sekka‹)*
oder Korkenzieherhasel *(Corylus avellana*
›Contorta‹) oder Spindelstrauch *(Euonymus*
alatus)
Osterglocken *(Narcissus)*

Trockene, bizarre Zweige von Drachenweide,
Korkenzieherhasel oder Spindelstrauch
können für nicht ganz so hohe und schwere
Bodenvasen einen aparten, dauerhaften
Schmuck darstellen.
Die eigenwillige Wuchsform der Zweige – in
der Fachsprache auch ›Wuchsdeformation‹
genannt – beruht auf bandförmigem Zu-
sammenwachsen von Haupt- und Seitentrie-
ben. Zum Teil sind diese Triebe noch korken-
zieherartig gedreht. Im Frühjahr sind die
braunroten Zweige der verbänderten Weide
(hier auch unter dem Namen ›Drachenweide‹
bekannt) reichlich mit silbrig glänzenden
Kätzchen geschmückt. Will man sich über
längere Zeit an diesem zusätzlichen
Schmuck erfreuen, darf man die Zweige nur
bis kurz vor dem Aufblühen der Kätzchen mit
Wasser versorgen. Sie müssen dann etwa
1 Woche völlig trocken stehen und gut mit
Haarspray eingesprüht werden. Danach
können sie sogar wieder ins Wasser gestellt
werden, ohne daß eine Weiterentwicklung
stattfindet.
In der abgebildeten Vasenform wurde als Befestigung der Igel eingesetzt. Um Blumen
und Zweige nicht zu tief in die Vasenöffnung
einführen zu müssen, ist das Gefäß etwa ³/₄
hoch mit Sand aufgefüllt. Darauf liegt ein
Stück Alufolie zum Abgrenzen der Schmutz-
teile, die beim Einfüllen des Wassers leicht
aufgewirbelt werden. Auf dieser Folie steht
dann der längliche Igel.

Die von Natur aus schön gebogenen Zweige
der Drachenweide inspirieren den Gestalter
zu besonders interessanten Kompositionen.
Zum Beispiel wachsen die Zweige wie aus einem Punkt, so daß sich die Linien harmonisch ineinander fügen und ergänzen. Die
rustikale schwere Gefäßform wurde bei der
Gruppierung der Narzissen berücksichtigt. In
einige der hohlen Osterglockenstiele sind
eloxierte Steckdrähte eingeschoben worden,
damit sich die Blumen biegen lassen. Die
über den Finger gerollten Narzissenblätter
untermalen verspielt das Arrangement.

Korallen

Material:
Fächerkoralle, Gerbera *(Gerbera)* und
Blätter

Eine bleibende Dekoration und auch ohne
Blumen ein aparter Schmuck, ist ein Koral-
lenstock. Für Vasenarrangements sind die
lilafarbigen Federkorallen, die Peitschen-
korallen und vor allem die Fächerkorallen
besonders gut geeignet. Letztere bestehen
aus leichtem in sich verzweigtem Geflecht.
Schwarz, Orange und zart Violett sind ihre
Naturfarben. Bei Lichteinwirkung schim-
mern die helleren feinen Spitzen des zartgegliederten Flechtwerkes fast wie Gold. Korallen können ohne weitere Vorbehandlung für
unbegrenzte Zeit im Wasser stehen.
Die versteinerte, spröde Korallenwurzel der
verarbeiteten Fächerkoralle mußte vor dem
Einstecken auf den großen runden Igel wa-
benartig angesägt werden. Nach dem Aufstecken wurde sie beidseitig durch 5 cm
lange daumenstarke Zweigstücke verkeilt.
Die fünf ausschmückenden Gerbera sind so
angeordnet, daß die Korallenform voll zur
Geltung kommt.
An den transport- und zugempfindlichen
Gerbera kann man sich über eine Woche erfreuen, wenn man ihre Stiele ein- oder zwei-
seitig mit grünem Blumendraht in voller
Länge stützt. Hierfür wird der Draht unmittelbar unter der Blüte angelegt, ohne ihn in den
Stiel oder in das Köpfchen einzuführen. Mit
hellgrünem Kautschukband (Guttacoll) werden anschließend Stiel und Blumendraht fest
umwickelt.
Die dem Löwenzahn ähnlichen Blätter der
Gerbera verbergen den Igel und verstärken
den Wachstumspunkt der Komposition.

Wurzelknorren

Material:
2 skurrile Wurzeln und Zweige der
Kiefer *(Pinus),* Proteen *(Protea barbigera)*

Die beiden Wurzelknorren wurden vor der
Verarbeitung mit einer Wurzelbürste gründlich gereinigt, lockere Rindenstücke entfernt
und unebene Stellen mit dem Messer ausge-
glichen. Anschließend sind die Wurzeln, um
eventuelles Ungeziefer abzutöten, mit Silamon behandelt worden. Die beiden Wurzelknorren sind so zusammengefügt, daß ein
Ausläufer der längsten Wurzel hinter der
Vase bis zum Boden reicht. Die zweite Wurzel
hält sich an der Vasenöffnung und ist mit der
ersten durch Nägel verbunden. Kiefernzweige und die flaumigen Proteen bilden
eine harmonische und sehr haltbare Ergänzung. Proteen sind als getrocknete und auch
als frische Pflanzen erhältlich. Damit sie voll
zum Erblühen kommen, werden die verholz-
ten Stiele schräg angeschnitten und 3 bis 4
cm aufgegabelt. Anschließend stellt man die
Blume für mehrere Stunden in heißes Wasser. Wenn sich die Blüte dann nach 8 bis 14
Tagen voll geöffnet hat, kann man ihr das
Wasser entziehen und sie trocken in die Vase
stellen. So kann man sie lange Zeit bewun-
dern.

Erkenntnis

Material:
Pampasgras *(Cortaderia selloana)*, Ritter-
sporn *(Delphinium)*, Spinnenpflanzen
(Cleome spinosa)

Der Grundaufbau dieses Arrangements, drei
gestuft voreinander gestellte Pampasgräser,
kann über längere Zeit stehen bleiben. Das
imposante Schmuckgras läßt sich in heimi-
schen Gärten anbauen und kann die stattli-
che Höhe von 2–3 m erreichen. Seine Heimat
ist die argentinische Steppe.

Die in dem Gesteck abgebildeten Pflanzen
sind alle auf dem Igel eingesteckt. Um diese
Handhabung zu erleichtern, wurde zuvor das
Gefäß bis 10 cm unterhalb des oberen Ran-
des mit Kieselsteinen angefüllt, darüber ein
Stück Alufolie zum Abgrenzen der Staubteile
und darauf der Igel gelegt.

Die weißen silbrigen Federfahnen der Pampasgräser beherrschen das ganze Arrangement. Vor den hellen Rispen sollten lange,
kontrastreiche Pflanzen stehen wie Rittersporn und Spinnenpflanzen. Die Spinnenpflanze ist eine sehr dankbare, von Juli bis
Oktober auffallend leuchtend blühende, einjährige Gartenpflanze. Interessant und haltbar sind ihre langgestielten gefingerten Blätter. Die reizvolle große Blüte dieser eigen-
artigen Pflanze hat vier schmallanzettliche
Kelchblätter und ebensoviele Blütenblätter.
Speziell geeignet sind kerzenartig hoch-
wachsende Blumen.

Vor dem zartlilafarbigen Rittersporn mit weißem Blütengrund steht die aparte, kräftig
rosa getönte Spinnenpflanze (›Rosenköni-
gin‹), die durch die grazilen reifen, vielsami-
gen, schotenähnlichen Kapseln und den
dichtgegliederten Blattansatz ihrer mit
scharfen Stacheln besetzten Stengel fast
exotisch wirkt.

Im Kaskadenstil

Material:
Feuerdornzweige *(Pyracantha coccinea)*,
Zinnien *(Zinnia)*

Unter dem hängenden oder Kaskadenstil
versteht man eine künstlich geschaffene,
stufenförmig hintereinander verlaufende
Anordnung.

Von Natur aus sind dafür die meisten Kletter-
pflanzen geeignet wie wilder Wein, Kletter-
rosen, Glyzine, Baumwürger, Efeu, Geißblatt
(Jelängerjelieber), echter Jasmin, echte
Waldrebe, chinesischer Knöterich oder Hopfen. Ebenso ideal sind Hängeweide, -birke,
Fächerzweigmispel, Hagebutte, Spierstrauch, Weinranken mit Traubenansätzen,
Lärche, Lonicera, Eukalyptus, weißer Hartriegel, Ranunkelstrauch, Erle, Ahorn, Feld-
ulme und Feuerdorn.

Darüber hinaus kommen noch alle entsprechend formbaren Pflanzen in Frage wie Ginster, Weidenkätzchen und der immergrüne
Strauch Heckenkirsche *(Lonicera nitida)*.

Die anmutige Form des Kaskadenstils läßt
sich am wirkungsvollsten in einem höheren
Gefäß bzw. einer Vase arrangieren. Es gibt
diesen Stil – auch Wasserfallstil genannt – in
mehreren Varianten. Die Abbildung zeigt
eine davon.

Die längste Hauptlinie schwingt mit 130 Grad
nach unten und weist gleichzeitig mit 45
Grad nach vorn links. Ihre Länge beträgt 1½
mal Höhe plus Durchmesser der Vase. Die
zweite Hauptlinie, nur ½ so lang wie die erste, erhält einen Neigungswinkel von 5–15
Grad und wird leicht nach links hinten einge-
dreht. Die zweite Linie steht also fast aufrecht
hinter der ersten. In der Abbildung wird sie
durch eine Zinnie dargestellt.

Die dritte Linie ist ausnahmsweise – und das

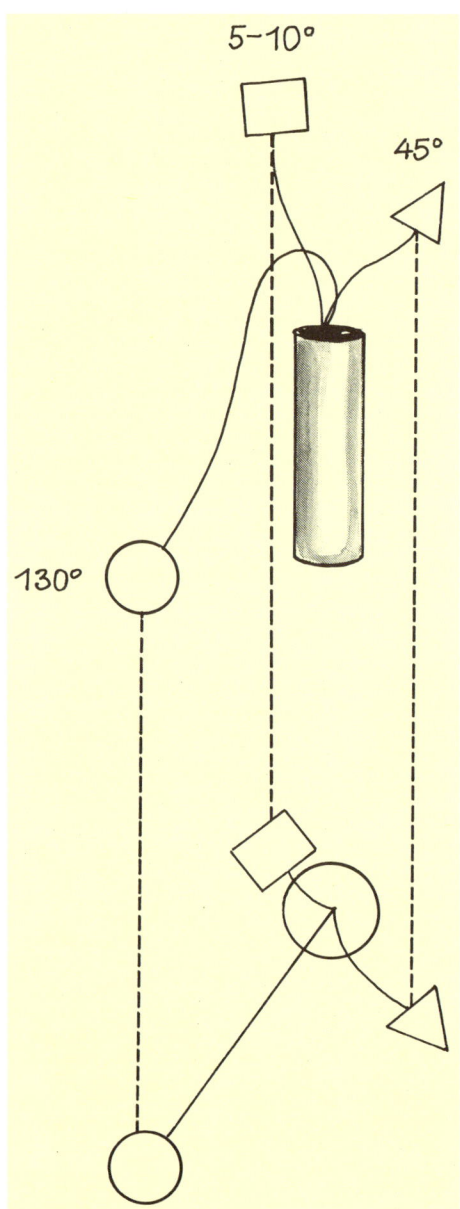

nur im Kaskadenstil – genauso lang wie die zweite. Je nach Material kann sie auch etwas kürzer sein. Sie wird rechts von der längsten Linie mit 45 Grad zur Seite weisend eingesteckt und anschließend mit 75 Grad nach vorn gedreht. In dem Gesteck wird diese Linie wiederum durch einen Feuerdornzweig verdeutlicht. Werden die äußersten Spitzen der drei Grundlinien in Gedanken miteinander verbunden, so entsteht ein imaginäres Dreieck. Innerhalb des gedachten Dreiecks können in beliebiger Zahl verbindende Nebenlinien zugeordnet werden. Allerdings dürfen sie in keiner Weise die geschaffene Grundform beeinträchtigen. In der Regel ist

es unerläßlich, eine hohe Stützlinie hinter der ersten Hauptlinie einzufügen, um ein optisches Gegengewicht zu der ersten langen Hauptlinie zu erhalten. Als nächstes wird ein schön geschwungener Zweig vor die längste Linie so eingearbeitet, daß er über den Vasenrand schwingt. Die reich geschuppten orangeroten Blütenteller der Zinnien mit entsprechendem Blattgrün verbinden harmonisch die Hauptlinien. Die dichtbesetzten Beerenzweige können über längere Zeit in der Vase stehen bleiben. Sie lassen sich vielseitig kombinieren, so z. B. mit Sonnenblumen, Astern, Dahlien, Chrysanthemen, Nadelkissenproteen, Artischocken, Gerbera.

Blumenschmuck für Tisch und Tafel

Blumen sind ein idealer Tafelschmuck, der ganz schlicht, aber auch sehr großzügig gestaltet sein kann. Der Tischschmuck soll farb- und formmäßig auf die Wohnungseinrichtung abgestimmt sein, z. B. zu Stilmöbeln, zu altdeutschen, zu bäuerlichen oder modernen Möbeln passen. Mit zu berücksichtigen sind die Farben der Tapeten, Vorhänge und Möbelbezüge.

Ein wesentliches Fluidum geht von der Raumbeleuchtung aus; künstliches Licht läßt die Farben anders erscheinen als Tageslicht. Beispielsweise wirken die Blautöne der Iris und des Rittersporns am Abend bei künstlicher Beleuchtung fahl und düster.

Farblich und charakterlich sollten Blumen mit dem Tafeltuch harmonieren; so hat z. B. ein weißes Damasttuch eine andere Wirkung als eine farbige Leinendecke oder ein rosafarbener Batist. Bastsets, Filz- oder Rupfenunterlagen sind auch möglich. Natürlich kann die Dekoration auch ohne Textilien direkt auf der Holz-, Glas- oder Steinplatte stehen. Ganz besonders ist der Tischschmuck mit dem Gedeck in Einklang zu bringen. Zu weißem Porzellan und zartem Glas kann die Blumendekoration farbkräftig gewählt werden; bei farbig bemaltem Porzellan dagegen wie »Old english« in Rosa, Blau oder Grün ist eine einfarbige Gestaltung ratsam.

Für einen Herrenabend deckt man gerne Zinngeschirr oder Steinzeug bzw. Holzplatten, und dekoriert mit entsprechend rustikalen Blumen.

Für den Kindergeburtstag wählt man unempfindliche Blumen in leuchtenden Farben zum bunten Geschirr.

Kerzen

Bei vielen Anlässen bilden Kerzen eine Bereicherung der Dekoration. Sie sind ebenfalls auf Blumen, Tafeltuch und Geschirr abzustimmen. Meist wird die Tafelkerze, eine 23–28 cm große Spitzenkerze, im Volksmund auch ›Leuchterkerze‹ genannt, in Weiß verwendet.

Für Fest- und Feierlichkeiten wie Verlobung, Hochzeit, Taufe, Kommunion und Konfirmation werden neben den weißen Kerzen Farbtöne wie Lindgrün, Grün, Blau, Rosé oder Lila bevorzugt.

Gerne werden Kerzen in rhythmischer Reihung auf der Tafel angeordnet. Für moderne Dekorationen in Gruppenbildung sind die zylindrischen Stab- oder Elementkerzen sehr beliebt. Sie haben einen Durchmesser von 12–14 mm und sind 28 bis 30 cm lang. Sie können einen Blickfang besonderer Art ergeben und stehen oft in Elementgruppen, die

zu den verschiedensten Gebilden zusammenzusetzen bzw. anzubauen sind. Als Halterung kommen Steinformen, Metallkörper oder Glasleuchter in Frage.

Eine unbedingt standsichere Befestigung aller Kerzenarten läßt sich durch Ankneten von Klebewachsplättchen, die in die Hohlräume der Kerzenhalter gedrückt werden, erreichen.

Kerzen für die Nachmittags- oder Kaffeetafel sollten nicht nur zum Tischtuch, sondern auch zu den Servietten passen. Dem Farbspiel sind dabei keine Grenzen gesetzt. Die Kerzenhersteller stimmen ihre Dekors zunehmend mit den namhaften Designern der Porzellan-, Keramik- und Textilindustrie ab. In Dänemark ist die Kaffeekerze ein fester Begriff. Die handgetauchten Kerzen sind 16 cm lang, haben einen Durchmesser von 12 bis 13 mm und eine Brenndauer von 2 bis $2\frac{1}{2}$ Stunden. Eine solche Kerze wird nach dänischer Sitte zur Begrüßung eines Gastes angezündet. Ihr Erlöschen ist gleichzeitig eine höfliche Aufforderung an den Gast, sich zu verabschieden, es sei denn, der Gastgeber hat unauffällig eine neue Kerze angebrannt. Blumensteckkerzen sind nur 7–8 mm dick, 25–38 cm lang und in allen Farben erhältlich. Ihrem Namen entsprechend werden sie mit Blumen zusammen verarbeitet. Bedingt durch die geringe Brenndauer zieren sie meist nur die Kaffeetafel, sind aber auch für Partys oder Verlobungsfeiern geeignet.

Die Stumpenkerzen passen gut zu rustikalem Tischschmuck für einen Herrenabend oder ein Jagddessen. Man kann zu einem solchen Anlaß die Kerzen auch in verschiedenen Höhen staffeln.

Mit Teelichtern, in Gruppen von 5 bis 8 Stück oder in langen Reihen rhythmisch auf Zinn, Holzbrettchen, Kupferschalen oder Glasplatten angeordnet, kann man ebenfalls den Tisch beleben. Den Rand der Teelichter sollte man vorher mit farbiger Borte bekleben oder beim Arrangieren mit Asparagus, Efeuranken oder Buchsbaum verdecken.

Für Party und Geburtstag werden als besonderer Gag Kerzen in der Form von Früchten angeboten.

Zum Osterfest sind eiförmige Kerzen in allen Farben beliebt. Hin und wieder werden in die Tischdekoration farbige Bänder, Borten oder Kordeln mit einbezogen. Diese sind auf den jeweiligen Anlaß bzw. auf den dominierenden Farbton der Blumen abzustimmen. Bei der goldenen Hochzeit wählt man die Farben Gold oder Ocker, für Weihnachten Rot, Gelb, Silber, Gold oder Lila, zum Jagddessen ein Band aus Rupfen, für den Kindergeburtstag kann man Baumwollbänder oder Kordeln verwenden. Die Bänder sollten an den Längsseiten oder in der Mitte des Tisches glatt aufliegen. Eine verspielte Anordnung in gedrehter oder geschlungener Form ist unzeitgemäß.

Besondere Anlässe

Taufe

Für die Tauffeier wählt man Blumen in den zartesten Tönen und Formen, z. B. pastellfarbene Wicken, Freesien, Moosrosen, Troßnelken, Alpenveilchen, Ixien, Skabiosen, Anemonen, Veilchen, Mimosen, Enzian, Kornblumen oder Margeriten. Dazu passen als Ergänzung Schleierkraut, Buchsbaum, Asparagus, Adiantum u. a. Kerzen in Blau, Rosa oder Weiß.

Kindergeburtstag

Kinder lieben leuchtende kräftige Farben und ansprechende kontrastierende Farbkombinationen. Der Tischschmuck sollte aus einfachen, ihnen bekannten Blumen wie Margeriten, Kornblumen, rotem Mohn, Vergißmeinnicht, Wicken, Veilchen, Stiefmütterchen, Astern, Zinnien, Chrysanthemen oder Pompondahlien in Verbindung mit Gräsern, Anemonen, Moosröschen gewählt werden. Möglichst kleine feststehende Platzkerzen – auch Stumpenkerzen – runden das fröhliche Bild ab.

Das Tischtuch könnte hier einfarbig sein, z. B. rot, gelb oder blau. Von der Mitte ausgehend kann man zu jedem Platz eine weiße oder gelbe bzw. rote Kordel spannen, an deren Ende eine lustige Tischkarte mit Tiermotiven, ein kleines Spielzeug oder eine Blume liegt.

Hochzeit

Dem Rahmen entsprechend sollte das Arrangement besonders festlich wirken. Längliche Schalen, pokalartige Kelche, Gefäßformen aus dem Service (Suppentasse, Zukkerdose, Kompottschale, Untertasse) und diverse Gläser harmonieren mit kostbaren Blumen wie Orchideen, Euphorbien, Gerbera, weißen Lilien, roten Rosen, weißem Flieder oder gefüllten Freesien, Nelken, kleinblütigen Chrysanthemen oder Maiblumen. Weiße oder grüne Kerzen, zylindrisch oder in konischer Form, sind hier sehr beliebt.

Herrenparty

Gedecke aus Zinn oder Steinzeug werden für einen Herrenabend bevorzugt.

Das Arrangement kann in einem Bierseidel, auf einem Zinnteller, auch auf einem Holzbrettchen und rustikalem Grillgeschirr, einem Frühstücksbrettchen oder auf einem Wurzelknorren gearbeitet sein. Der Blumenschmuck soll rustikal und lustig aussehen. Deshalb wählt man Rote Bete-Blätter, Möhrenlaub, Radieschen, Petersilie und kombiniert eventuell mit Tulpen, Osterglocken, Margeriten oder Chrysanthemen. Im Herbst werden Erika, gelbe, orange oder rote Beerenzweige mit Stechpalme und Kiefer oder Cotoneaster kombiniert. Stumpenkerzen oder Teelichter sind eine passende Ergänzung.

Regeln für Tischgestecke

Je nach Form und Größe des Tisches gelten für die Anordnung der Blumen verschiedene Regeln. Tischgestecke weichen von allen anderen Arrangements dadurch ab, daß sie von jeder Seite her ansprechend wirken, also keine ausgesprochenen Sonnen- oder Schattenseiten haben. Bei einem solchen Blumenschmuck wird der Mittelpunkt stets klein gehalten; die äußeren Linien dürfen etwas länger und ausladender sein. Man unterscheidet grundsätzlich zwischen symmetrischen und asymmetrischen Anordnungen. Da die erstere, die sich vom Zentrum ausgehend nach allen Seiten hin gleich ausdehnt, die einfachere ist, sind die folgenden Beispiele auf sie abgestimmt.

Für den runden Tisch wird in der Regel auch ein rundes Gefäß verwandt. Der Igel soll in der Gefäßmitte liegen. Im Gegensatz zu den bekannten Ikebana-Stilarten wird hier mit fünf Linien gearbeitet, um einen allseits schönen Anblick zu gewinnen.

Symmetrische Anordnung

Man sucht zunächst fünf gleichartige und gleichfarbige Blumen oder Blütenzweige aus, von denen vier in der Länge etwas mehr als die Hälfte des Gefäßdurchmessers betragen, während eine, die fünfte der Pflanzen, nur halb so lang ist und im Gefäßmittelpunkt eingesteckt wird. Man beginnt mit der kürzesten, der 5. Linie. Die übrigen vier werden dicht neben der mittleren Blume eingruppiert und mit 45 Grad in die vier Himmelsrichtungen geneigt. Bedingt durch diese Anordnung wird die Schale in vier Viertel geteilt. Diese Viertel werden nochmals unterteilt durch vier weitere gleichartige Blumen oder Blütenzweige, die um $1/3$ kürzer sind als die vier Hauptlinien und diese unterstreichen und

ergänzen. Eventuell arbeitet man noch leichtes Beiwerk in Form von Farnen, Asparagus, Efeuranken oder Schleierkraut mit ein – je nach verwendeten Blumen. Beispielsweise könnte man gelbe Rosen für die Hauptlinien und lila Skabiosen als Ergänzungslinien Jushi wählen und die Komposition mit Schleierkraut vervollständigen. Das ist der einfachste Aufbau eines Tischgesteckes nach der Ishio-Schule.

Eine weitere Möglichkeit wäre ein Arrangement aus kleinblütigen Chrysanthemen in zwei Farben, und zwar für die fünf Hauptlinien vielleicht eine gelbe, für die begleitenden kürzeren Linien eine bronzefarbene Sorte. Je nach Jahreszeit kann man mit herbstlichem Laub, Seidenkiefer oder Hemlockstanne die Anordnung untermalen.

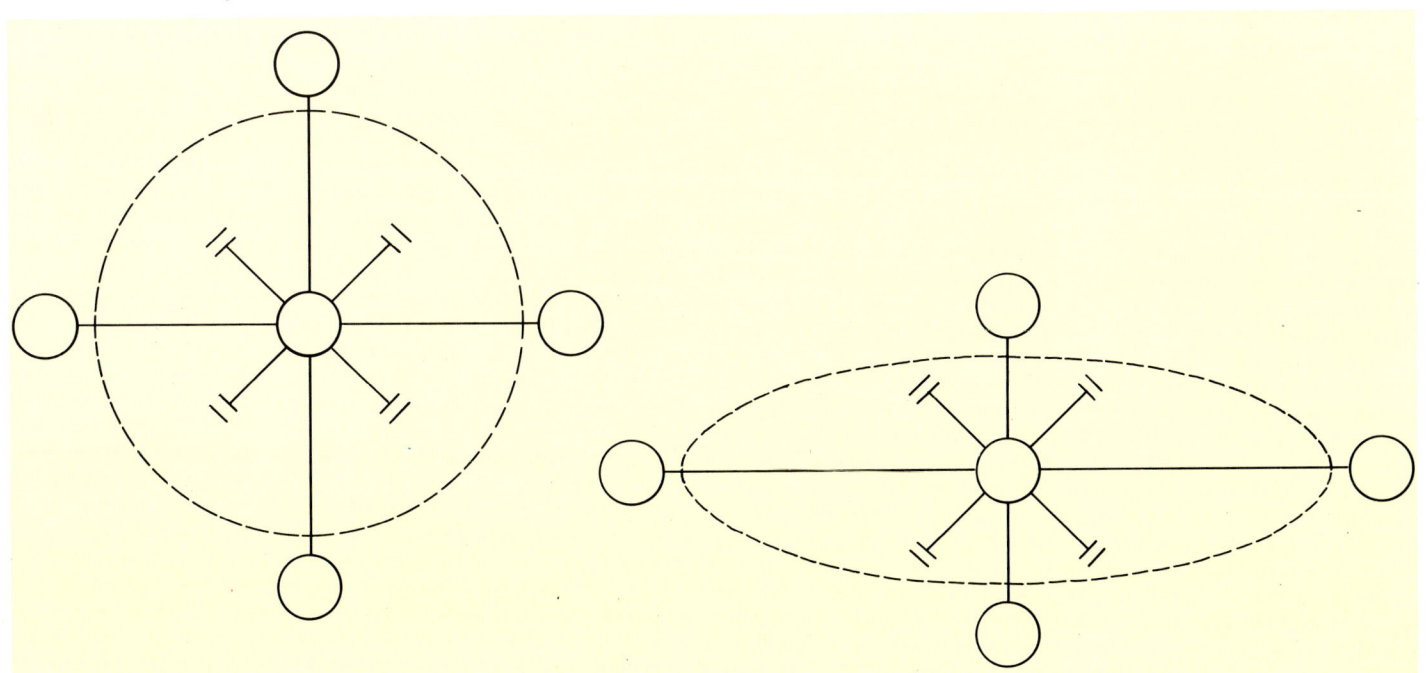

Schwimmendes Arrangement

Material:
Strahlenchrysanthemen (*Chrysanthemum*)

In einer flachen runden Schale oder auf einem roten Lackteller läßt sich mit zwei Stie-
len der mehrblütigen Strahlenchrysanthemen, ›Spinnen‹ genannt, mühelos die folgende Tischdekoration gestalten:
Vom Schalenmittelpunkt ausgehend beginnt
man dieses Arrangement mit der schönsten
und größten Blüte. Ihr Stiel wird bis auf etwa
1 cm gekürzt, in feuchtes Mosy, frisches
Moos oder in einen mit Alufolie umwickelten
feuchten Wattebausch eingesteckt oder
wenn die Schale tief genug ist auf einen
Kenzan gestellt. Fünf weitere großblütige,
vom Stiel befreite Strahlenchrysanthemen,
die man vorsichtig etwas flachgestrichen hat,
werden um die mittlere Blüte gelegt. Zwischen die Blüten ordnet man einige Chrysan-
themenblätter, die nicht über den Tellerrand
hinausreichen sollen, ein. Die Besonderheit
der Blätter besteht darin, daß sie sich nach
oben wölben, so daß nur die Ränder und
Stiele mit dem Lackteller in Berührung kommen. Die kleinen Blütenknospen werden je
nach Durchmesser des Tellers auf 10–15 cm
gekürzt und zwischen die Blätter geschoben.
Diese Tischdekoration läßt sich in gleicher
Weise mit anderen flachblütigen Blumen
herstellen, z. B. mit Skabiosen, Dahlien, voll-
erblühten Rosen, Kokardenblumen, Ringelblumen, Clematis und besonders gut mit
Seerosen.
Als Abwandlung dieser Anordnung verwendet man drei große Chrysanthemenblüten,
Sonnenblumen, Seerosen, Pfingstrosen
oder aufgeblühte Rosen und eine dazu passende, mindestens 30 cm durchmessende
Schale. Die Blüten werden entweder flach in

das Wasser gelegt oder ganz kurzstielig auf den Igel eingesteckt, und zwar in einer Dreiergruppierung, die vom Gefäßmittelpunkt ausgeht. Diese Komposition untermalt man mit 5 bis 7 Blättern der arrangierten Blüten oder mit anderen reizvollen Blättern wie Croton, Amaranta, Funkie, Efeu oder Aukube.

Flaches Arrangement

Flache Blumenarrangements sind mit sternblütigen Narzissen interessant zu gestalten. Diese Blüten sind mit Sternschnuppen zu vergleichen, die aufglühen und schnell wieder vergehen. Den Zauber des Augenblicks möchte man festhalten und mit Goethe ausrufen: ›Verweile doch, du bist so schön!‹ Der Japaner fragt wehmütig: ›O, Narzissen, warum blüht ihr nicht zur Sommerszeit? Warum nicht, warum?‹ Die Stiele der hübschen zweifarbigen Sterne werden je nach Schalenrandhöhe auf 3 oder 6 cm gekürzt und auf mehrere Igel gesteckt, so daß die Schale mit den flachliegenden Blüten ausgefüllt ist. Zusätzlich kann man diese Anordnung durch rankende Zweige des echten Jasmins bogenförmig einrahmen.

Springbrunnen

Material:
Bauerngras (*Chlorophytum*),
Dahlien (*Dahlia*)

Ähnlich in der Aufteilung, aber völlig anders in der Wirkung zeigt sich die folgende Komposition, bei der man die runde Schale mit Dahlien, Pfingstrosen oder ähnlichen Blumen unter Verwendung mehrerer Igel soweit

ausgelegt, daß der Rand völlig verdeckt ist. Je nach Schalenrandhöhe haben die Blumen eine Stiellänge von 4–8 cm. Aus dem Mittelpunkt der Anordnung erheben sich fontänengleich je nach Jahreszeit Miscanthus, Gladiolen oder Lilienblätter. Bei Verwendung der Iris hollandica sollte die silberglänzende Blattinnenseite nach außen gebogen werden; damit erzielt man eine besonders festliche Wirkung. Der etwas verspielt aussehende Tafelschmuck läßt sich durch mehrere schleifenartig eingearbeitete Blätter noch etwas erweitern. Die Schleifenführung beginnt am Schalenmittelpunkt mit dem größten der drei Bögen. Die beiden weiteren überschneiden sich und werden jeweils flacher eingeführt. Dadurch wird die runde Schale in drei gleiche Sektoren aufgegliedert.

Folgender kleiner Kunstgriff erleichtert die technische Ausführung der Schleifenbildung: Die längsten der vorhandenen Blätter streift man zunächst mehrmals zwischen Daumen und Zeigefinger aus, damit sie gefügig werden und beim anschließenden Biegen nicht knicken.

Da man bei den ohnehin nicht sehr langen Blättern keinen Zentimeter missen möchte, empfiehlt es sich, die nachstehende Einstecktechnik zu wählen: Das Blatt wird 2 cm oberhalb des Blattschaftes in der Mitte etwa

1 cm weit aufgeritzt, dann steckt man die Blattspitze durch die entstandene Öffnung. Der Wasserstand muß bei allen flachen Arrangements täglich kontrolliert und aufgefüllt werden.

Bootgefäße

Die geeigneten Gefäße für den ovalen und rechteckigen Tisch sind ovale und rechteckige oder bootsförmige Schalen. Während bei der runden Schale die vier äußeren Linien gleich lang sind und das Arrangement dadurch massiv wirkt, ist bei der länglichen Form eine grazilere Linienführung zu erreichen.

Eine Abwandlung dieser Grundstile ist die folgende Form: Im Mittelpunkt können die bis auf 5 cm gekürzten Blumen zu einem Bündel zusammengefaßt werden, aus dem sich dann die drei Hauptlinien erheben, deren Länge die Hälfte des Schalendurchmessers plus 3 cm beträgt. Die mittlere Blume kann halb oder dreiviertel so lang wie die beiden äußeren sein.

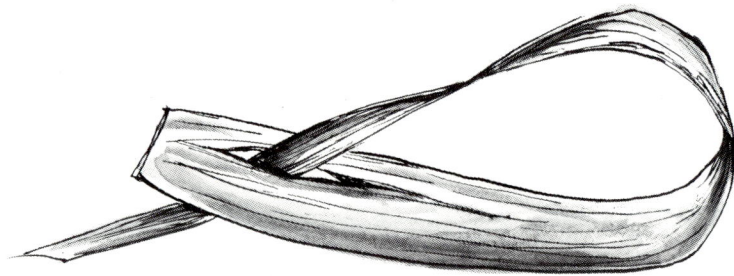

Für große Blumen gleicher Art und Farbe ergibt sich in schmalen Gefäßen die Möglichkeit, fünf Linien so zu gestalten, daß sie bei gleicher Länge (d. h. die Hälfte des Schalendurchmessers oder etwas mehr) mit unterschiedlichen Winkeln eingesteckt werden. Die mittlere Blume (5. Linie) steht senkrecht; unmittelbar neben diesem Einsteckpunkt werden die Linien 3 und 4 mit 45 Grad beidseitig nach außen geneigt. Es folgen die äußeren Linien 1 und 2, deren Einsteckpunkte dicht neben den Linien 3 und 4 liegen und mit 75 Grad Neigung den fächerartigen Aufbau vollenden.

Untermalt werden kann dieser Stil durch formschönes Blattwerk oder Blütenzweige. Als Abart dieses Stils, den man ebenfalls mit Blumen gleicher Art unter Beibehaltung der fünf Linien ausführt, werden die drei mittleren Blumen halb oder dreiviertel so lang wie die beiden äußeren geschnitten. Wiederum steht die mittlere Blume senkrecht in der Gefäßmitte. Von diesem Punkt ausgehend werden die Linien 1 und 2 mit 75 bis 85 Grad nach den Längsseiten geneigt, während die inneren, dazwischenstehenden Linien einen Neigungswinkel von 45 Grad in gleicher Richtung haben.

Bei besonders schmalen Schalen ergibt sich eine weitere Variante. Hier kann man für die Hauptlinien 10–15 cm lange Blumen verwenden. Die Nebenlinien werden um ungefähr die Hälfte gekürzt, d. h. also 5 bzw. 7½ cm. Für diese moderne Zusammenstellung benötigt man je nach Schalengröße 2–3 ovale oder rechteckige Kenzane, in die man die Haupt- und Nebenlinien im Wechsel einführt. Je nach Schalenlänge benötigt man fünf, sieben, neun oder mehr Blumen. Dieses Arrangement läßt sich auch im Spiel von zweierlei Material oder verschiedenfarbigen Blumen gleicher Art ausführen.

Rosenschale

Material:

Rosen (*Rosa*), Pfaffenhütchen (*Euonymus europaeus*)

Rechteckige und ovale Gefäße bieten weit mehr Variationsmöglichkeiten für eine Blumenanordnung als runde.

Die für runde Schalen geltende Grundform wird bei den rechteckigen nur dahingehend abgeändert, daß die Schmalseiten entsprechend dem geringeren Abstand zum Zentralmittelpunkt in ihrem Längenverhältnis gekürzt werden (Skizze siehe »Runde Anordnung«). Demonstriert wird dieser Stil durch die Rosenschale. Bei diesem Tischarrangement wurden für die Hauptlinien rote Rosen verwendet, während die kürzer geschnittenen gelben Rosen die Nebenlinien bilden, unterstützt von den gelbgrün geränderten Blättern des in Gärten wachsenden immergrünen Zierstrauches Euonymus.

Wie von anderen Ikebana-Stilen her bekannt, beginnt man auch bei den Tischdekorationen mit den längsten Punkten. Sie werden, der Grundform für ovale Schalen entsprechend, zur rechten und linken Seite jeweils mit 45 Grad Neigungswinkel eingeordnet. Blumen, die an den Schmalseiten und in der Mitte stehen sollen, werden gemäß dem kleinsten Schalendurchmesser, gemessen vom Mittelpunkt aus, um die knappe Hälfte gekürzt. Die Rosen für die Seite sind mit 45 Grad Neigung so einzustecken, daß sie den Schalenrand etwas überragen. Die Blume für den Mittelpunkt wird senkrecht in der Schalenmitte eingeordnet und kann so lang wie die Rosen an den Schmalseiten sein oder aber bis zur Hälfte gekürzt werden.

Nachdem die fünf Hauptlinien stehen, werden die ausschmückenden Verbindungslini-

en, sowohl an der Quer- als auch an der Längsseite eingefügt.

Um etwas Abwechslung in die symmetrische Gruppierung zu bringen, empfiehlt es sich, einen anderen Farbton mitklingen zu lassen. Man kann bei der gleichen Blumensorte bleiben oder verschiedenartige Blumen gleicher oder voneinander abweichender Farben verwenden. Elegant wirkt es, wenn man den Farbton der Hauptlinien in kräftigeren oder zarteren Nuancierungen auf die Nebenlinien hinübergleiten läßt. Zur Untermalung arbeitet man zum Schluß Blätter, Farnwedel oder Asparagus mit ein.

Liebesspiel

Material:
Schilfblätter (*Phragmites*), Rosen (*Rosa*),
Bartnelken (*Dianthus barbatus*)

Eine von allen Seiten her harmonische Form
für das Tischgesteck erzielt man durch die
schleifenförmige Anordnung der Blätter. Sie
läßt sich mit allen lanzettlichen Blattformen
(lanzenartig zugespitzte Blätter) wie der von
Iris, Gladiolen, Schilf, Jucca, Neuseeland-
flachs u. ä. ausführen. Auch Trauerweidenzweige oder Peddigrohr können so angeordnet werden. Bei dieser Form der Tischdekoration braucht man verhältnismäßig wenig
Blumen.

In dem abgebildeten Arrangement wurden
drei Rosen so eingesteckt, daß sie über den
flach angeordneten Bögen stehen und diese
nicht kreuzen. Ihrem buschigen Charakter
entsprechend wurden die Bartnelken ganz
niedrig in die Mitte eingruppiert.

Eleganz

Material:
Lupinen (*Lupinus*), Gladiolen (*Gladiolus*)

In der Regel steht der Blumenschmuck in der Mitte der Tafel und sollte daher flach gearbeitet sein. Da die Ausnahme die Regel bestätigt, kann er beispielsweise bei einem kalten Büfett zur Abwechslung auch asymmetrisch aufgestellt werden. Zweckmäßigerweise sollte man da ein etwas größeres vor allem höheres Arrangement erstellen. Bei der Wahl des Pflanzenmaterials ist zu berücksichtigen, daß das fertige Gesteck von allen Seiten formschön ausgearbeitet sein muß. Daher sind einseitig gewachsene Blumen ungeeignet.

Die vom Acker her bekannte, meist ins Violettrötliche übergehende Lupine mit ihrem weißen Lippenpunkt kann in aufgelockerter pyramidenförmiger Anordnung sehr apart wirken, zumal sich die Lupinenstiele mit ihren üppig besetzten Blütentrauben, sobald sie ins Wasser kommen, zu eigenwilligen Formen ziehen. Im Farbgleichklang, einem Blütenmeer gleich, sind Gladiolen um die Lupinen gruppiert. Diese Blütenfülle ergibt sich durch geschicktes Teilen der mehrblütigen Gladiolenrispen unmittelbar über einer jeweiligen Blüte. So entstehen aus einer Gladiole 7–8 an einem kurzen Stiel stehende Einzelblüten.

Einige Lupinenblätter umspielen dezent die Gladiolenblüten. Die flache muschelförmige Glasschale untermalt die elegante Komposition.

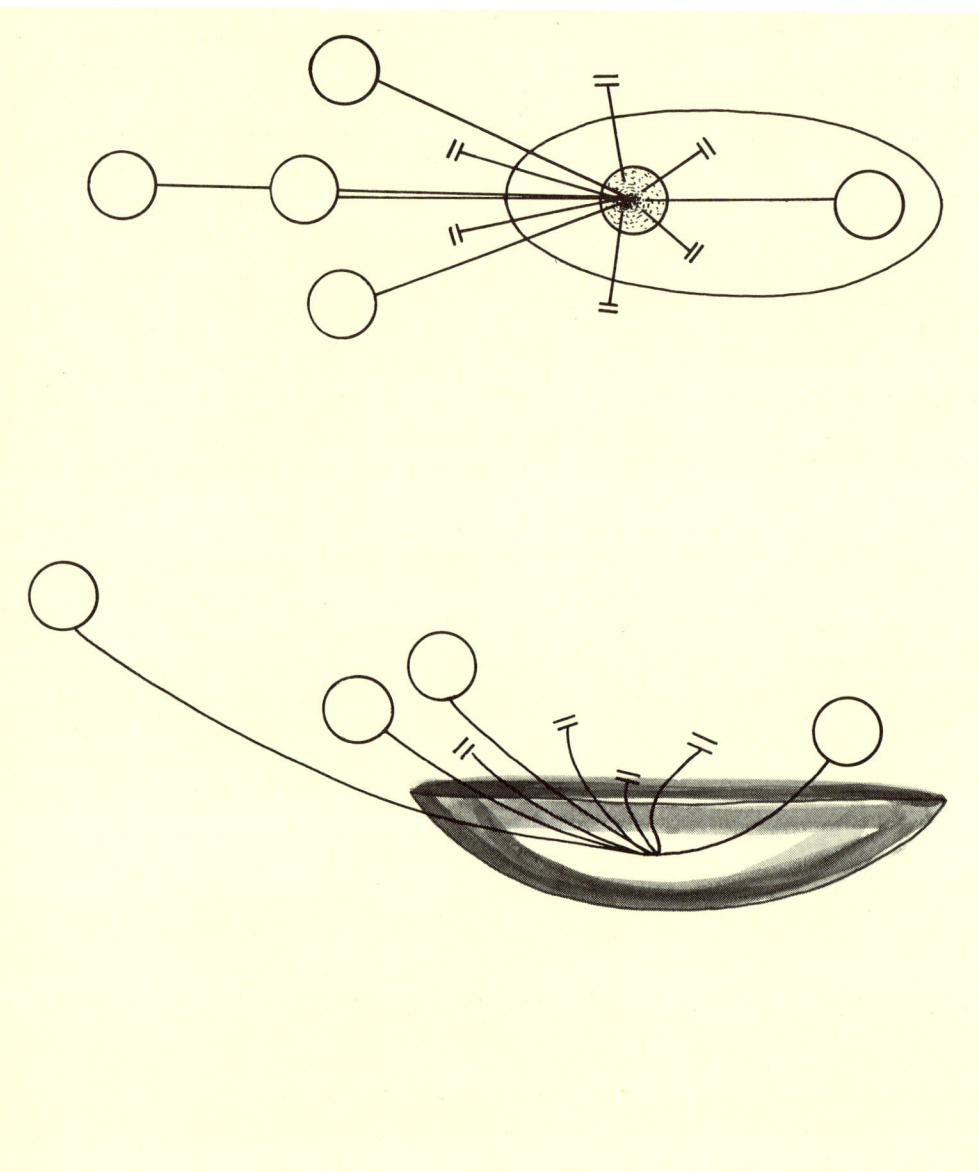

Asymmetrische Gestecke

Zwei dezentral angeordnete Kompositionen seien zum Schluß noch angeführt. Sie sind beide sowohl für rechteckige, ovale als auch für runde oder hochgebaute Gefäße geeignet. Typisch hierbei ist, daß der Kenzan nicht in der Mitte der Schale steht, sondern nach rechts oder links versetzt wird. Steht er im linken Schalendrittel, wird seinem äußeren linken Punkt die erste Hauptlinie (Länge gleich Schalendurchmesser) plaziert und mit 45 Grad seitwärts nach links geneigt. Die 2. Linie ist $3/4$ so lang wie die erste und wird mit 45 Grad hinten links eingesteckt. Die 3. Linie, genauso lang wie die zweite, wird mit 45 Grad vorn rechts eingeordnet. Die 4. Linie ist nur halb so lang wie die erste. Auch sie wird mit 45 Grad in paralleler Fortsetzung der ersten Linie nach rechts weisend eingefügt. Die 5. Linie, längengleich mit der 2. und 3., wird von der Mitte ausgehend, mit 30 Grad in die Richtung der 1. Linie geneigt.

Je nach Schalengröße braucht man zur Ergänzung noch eine ganze Reihe von Blumen oder Blattwerk. Zwischen die Linien 3 und 5 sowie 5 und 2 werden noch halb so lange Beilinien hinzugefügt. Zwei weitere ausschmückende Linien, die etwas kürzer sind als die Beilinien, reiht man zwischen die Linien 2 und 4 und 4 und 3. Bei Bedarf kann noch zusätzliches Material eingearbeitet werden.

Vorfreude

Material:
Schmuckkörbchen (*Cosmea bipinnatus*),
Perückenstrauch (*Cotinus coggygria*)

Die anmutigen zarten Cosmeen, deren Farbskala vom Weiß bis zum gesättigten Rot reicht, bieten sich in den Monaten Juli bis September für eine sommerliche Tischdekoration an.

Das für die Sogetsu-Schule typische Tischgesteck mit den drei horizontal verlaufenden Hauptlinien liegt diesem Beispiel zugrunde. Die drei Linien Shin, Soe und Hikae sind deutlich erkennbar durch weißblütige Cosmeen, wobei Shin mit 85 Grad von der am weitesten nach links herausragenden Blüte dargestellt wird. Die Linie Soe, der höchste Punkt der Anordnung, weist mit 65 Grad nach rechts, während Hikae mit 75 Grad nach hinten ausgerichtet ist. In der Mitte kann man je nach Schalen- und Blumengröße eine besonders kurz geschnittene Blume einstecken. Zwischen Shin und Soe werden mindestens zwei Blüten zur Ausschmückung beigefügt. Eine weitere Cosmea steht zwischen Soe und Hikae. Wiederum zwei Blüten sind zwischen Hikae und Shin einzugruppieren. Beim anschließenden Drehen des Arrangements werden die noch unvollständigen Stellen oder Lücken durch Einarbeiten von Blättern des rotbraunen Perückenstrauches sinnvoll ergänzt.

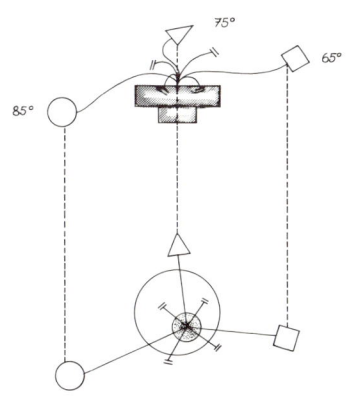

Das Land-Wasser-Arrangement im Nahblick zeigt eine dichte Gruppierung von Binsen, Schilf und Irisblättern. Die beiden Irisblüten sind kurz gehalten und deuten somit an, wie versteckt und selten Blumen im Verhältnis zu Binsen und Gräsern am Wasser zu finden sind. Das im Hintergrund sichtbar werdende Land ist durch einen großen Stein und zwei Hortensienblüten versinnbildlicht.

Für jeden etwas...

Praktische Gebrauchsbücher stehen Ihnen, lieber Leser, mit Rat und Information zur Seite, wenn es darum geht, Fragen des täglichen Lebens zu beantworten.

Die hervorragende Sachkenntnis und die verständliche Sprache unserer Fachautoren sind ebenso selbstverständlich wie die sorgfältige Ausstattung unseres großen Buchprogramms. Damit bietet Ihnen der Falken-Verlag Bücher zum Lesen und Nachschlagen, mit denen Sie Ihr Leben aktiv und erfolgreich gestalten können.

Trockenblumen und Gewürzsträuße
(Best.-Nr. 5084) DM 12,80

Kleingebäck
(Best.-Nr. 5089) DM 11,80

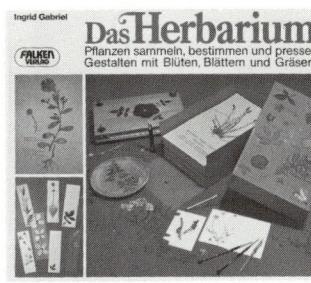

Phantasieblumen
(Best.-Nr. 5091) DM 12,80

Brotspezialitäten
(Best.-Nr. 5088) DM 11,80

Köstliche Suppen
(Best.-Nr. 5122) DM 11,80

Glasritzen
(Best.-Nr. 5109) DM 14,80

Exotisches Obst und Gemüse
(Best.-Nr. 5114) DM 12,80

Das Herbarium
(Best.-Nr. 5113) DM 16,80

Kalte Happen und Partysnacks
(Best.-Nr. 5029) DM 11,80

Zimmerbäume, Palmen und andere Blattpflanzen
(Best.-Nr. 5111) DM 16,80

Hobby Holzschnitzen
(Best.-Nr. 5101) DM 14,80

Kinder lernen spielend kochen
(Best.-Nr. 5096) DM 11,80

Das neue Hundebuch
(0009) Von W. Busack, überarbeitet
von Dr. med. vet. A. Hacker, 104 S.,
zahlreiche Abb. auf Kunstdrucktafeln,
kart., DM 8,80

Mietrecht
Leitfaden für Mieter und Vermieter
(0479) Von Johannes Beuthner,
196 S., kart., DM 12,80

Scheidung und Unterhalt
nach dem neuen Eherecht
(0403) Von Rechtsanwalt H. T. Drewes,
104 S., mit Karten und Unterhaltstab.,
kart., DM 7,80

Der neue Briefsteller
(0060) Von I. Wolter-Rosendorf,
112 S., kart., DM 5,80

Die erfolgreiche Bewerbung
(0173) Von W. Manekeller,
152 S., kart., DM 8,80

Reden zum Jubiläum
Musteransprachen für viele
Gelegenheiten
(0595) Von Günter Georg, 112 S.,
kart., DM 6,80

Knobeleien und Denksport
(2019) Von Klas Rechenberger, 142 S.,
viele Zeichnungen, kart., DM 7,80

Kinder und Jugendschach
Offizielles Lehrbuch zur Erringung
der Bauern-, Turm- und Königs-
diplome des Deutschen Schach-
bundes.
(0561) Von B. J. Withuis und
Dr. H. Pfleger,
144 S., 11 s/w-Fotos, 223 Abb.,
kart., DM 12,80

Spiele für Kleinkinder
(2011) Von Dieter Kellermann,
80 S., kart., DM 5,80

Hydrokultur Pflanzen ohne Erde –
mühelos gepflegt
(4080) Von Hans-August Rotter,
120 S., 67 farbige und s/w-Abb. sowie
Zeichnungen, geb., DM 19,80

Tennis
Technik – Taktik – Regeln
(0375) Von Harald Elschenbroich,
112 S., 81 Abb., kart., DM 6,80

Wie soll es heißen?
(0211) Von Dr. Köhr,
88 S., kart. DM 5,80

Beliebte und neue **Kegelspiele**
(0271) Von Georg Bocsai,
92 S., 62 Abb., kart., DM 4,80

**So lernt man leicht und
schnell Maschinenschreiben**
Lehrbuch für Selbstunterricht und
Kurse
(0568) Von Jean W. Wagner, 80 S.,
31 s/w-Fotos, 26 Zeichnungen,
kart., Spiralbindung, DM 19,80

Poesiealbumverse
Heiteres und Besinnliches
(0578) Von Anne Göttling, 112 S.,
20 Abb., Pappband, DM 14,80

Hochzeitszeitungen
Muster, Tips und Anregungen
(0288) Von Hans-Jürgen-Winkler,
mit vielen Text- und Gestaltungs-
anregungen, 116 S., 15 Abb.,
1 Musterzeitung, kart., DM 6,80

**Von der Verlobung
zur Goldenen Hochzeit**
Vorbereitung – Festgestaltung –
Glückwünsche
(0393) Von Elisabeth Ruge, 120 S.,
kart., DM 6,80

Bruce Lees Kampfstil 2
Selbstverteidigungs-Techniken
(0486) Von Bruce Lee, M. Uyehara,
128 S., 310 Fotos, kart., DM 9,80

Schmetterlinge
Tagfalter Mitteleuropas erkennen
und benennen
(0510) Von Thomas Ruckstuhl, 156 S.,
136 Farbfotos, kart., DM 16,80

Falken-Handbuch Pilze
Mit über 250 Farbfotos und Rezepten
(4061) Von Martin Knoop, 276 S.,
250 Farbfotos, 28 Zeichnungen,
gbd., DM 36,–

Ziervögel
in Haus und Voliere
Arten · Verhalten · Pflege
(0377) Von Horst Bielfeld, 144 S.,
32 Farbfotos, kart., DM 9,80

Beeren und Waldfrüchte
erkennen und benennen –
eßbar oder giftig?
(0401) Von J. Raithelhuber, 136 S.,
90 Farbfotos, 40 s./w., kart., DM 16,80

Arzneikräuter und Wildgemüse
erkennen und benennen
(0459) Von J. Raithelhuber, 140 S.,
108 Farbfotos, kart., DM 14,80

Tee
Herkunft · Mischungen · Rezepte
(0515) Von Sonja Ruske, 96 S.,
4 Farbtafeln, viele Abbildungen,
Pappband, DM 9,80

Herrenwitze
(0589) Von Georg Wilhelm, 112 S.,
11 Zeichnungen, kart., DM 5,80

Selbst Brotbacken
mit über 50 erprobten Rezepten
(0370) Von Jens Schiermann, 80 S.,
mit 6 Zeichnungen und 4 Farbtafeln,
kart., DM 6,80

Kalorien · Joule
Eiweiß · Fett · Kohlenhydrate
tabellarisch nach gebräuchlichen
Mengen
(0374) Von Marianne Bormio, 88 S.,
kart., DM 5,80

Zimmerpflanzen
(5010) Von Inge Manz, 64 S.,
98 Farbabb., Pbd., DM 11,80

Die 12 Sternzeichen
Charakter, Liebe und Schicksal
(0385) Von Georg Haddenbach,
160 S., gbd., DM 9,80

**Möbel aufarbeiten, reparieren
und pflegen**
(0386) Von E. Schnau-Lorey,
96 S., 104 Fotos und Zeichnungen,
kart., DM 6,80

**Liebeshoroskop für die
12 Sternzeichen**
Glück und Harmonie mit ihrem
Traumpartner.
Alles über Chancen, Beziehungen,
Erotik, Zärtlichkeit, Leidenschaft.
(0587) Von Georg Haddenbach, 144 S.,
12 Zeichnungen, geb., DM 6,80

Einkochen
nach allen Regeln der Kunst
(0405) Von Birgit Müller, 96 S.,
8 Farbtafeln, kart., DM 6,80

Die besten
Tierwitze
(0496) Herausgegeben von
Peter Hartlaub und Silvia Pappe,
112 S., 25 Zeichnungen, kart., DM 5,80

Bodybuilding
Anleitung zum Muskel- und
Konditionstraining für sie und ihn
(0604) Von Reinhard Smolana, 160 S.,
172 Fotos, kart., DM 9,80

Moderne Schmalfilmpraxis
Ausrüstungen · Drehbuch · Aufnahme
Schnitt · Vertonung
(4043) Von Uwe Ney, 328 S., mit über
200 Abb., teils vierfarbig,
gbd., DM 29,80

Windsurfing
Handbuch für Grundstein und Praxis
(5028) Von Calle Schmidt, 64 S.,
über 50 Abb., durchgehend vierfarbig,
Pbd., DM 11,80

Reiten
vom ersten Schritt zum Reiterglück
(5033) Von Herta F. Kraupa-Tuskany,
64 S., mit vielen Zeichnungen und
Farbabb., Pbd., DM 12,80

Gitarre spielen
Ein Grundkurs für den Selbstunterricht
(0534) Von Atti Roßmann, 96 S.,
1 Schallfolie, 150 Zeichnungen,
durchgehend zweifarbig,
kart., DM 19,80

Bauernmalerei
leicht gemacht
(5039) Von Senta Ramos, 64 S.,
78 vierfarbige Abb., Pbd., DM 11,80

Gestalten mit Salzteig
formen · bemalen · lackieren
(0613) Von Wolf-Ulrich Cropp, 32 S.,
56 Farbfotos, DM 6,80

Formen mit Backton
trocknen · backen · bemalen
(0612) Von Angelika Köhler,
32 S., 51 Farbfotos,
Spiralbindung, DM 6,80

Moderne Fotopraxis
Bildgestaltung · Aufnahmepraxis ·
Kameratechnik · Fotolexikon
(4030) Von Wolfgang Freihen, 304 S.,
mit 244 Abb., davon 50 vierfarbig,
Balacron mit vierfarbigem Schutzumschlag, abwaschbare Polylein-
prägung, DM 29,80

Falken-Handbuch Videofilmen
Systeme, Kameras, Aufnahme,
Ton und Schnitt
(4093) Von Peter Lanzendorf, 288 S.,
8 Farbtafeln, 165 s/w-Fotos,
25 Zeichnungen, geb., DM 36,–

Hobby Seidenmalerei
(0611) Von Renate Henge, 88 S.,
106 Farbtafeln, Mustervorlagen,
kart., DM 19,80

Falken-Handbuch Heimwerken
Reparieren und Selbermachen
in Haus und Wohnung –
über 1100 Farbfotos. Sonderteil:
Praktisches Energiesparen
(4117) Von Thomas Pochert, 440 S.,
1164 Farbfotos, 100 ein- und
zweifarbige Abb., geb., DM 49,–

Balkons in Blütenpracht
zu allen Jahreszeiten
(5047) Von Nikolaus Uhl, 64 S.,
82 vierfarbige Abb., Pbd., DM 12,80

Leben im Naturgarten
Der Biogärtner und seine
gesunde Umwelt
(4124) Von Norbert Jorek, 128 S.,
68 s/w-Fotos, 15 Farbtafeln,
kart., DM 12,80

Moderne Korrespondenz
(4014) Von H. Kirst und W. Manekeller,
570 S., gbd., DM 39,–

Die Frau als Hausärztin
(4072) Von Dr. med. Anna Fischer-
Dückelmann, 808 S., 16 Farbtafeln,
174 Fotos, 238 Zeichnungen, DM 58,–

Kalte Platten
(4064) Von Maître Pierre Pfister,
240 S., 135 großformatige Fotos,
gbd., DM 48,–

Backen
(4113) Von Margrit Gutta, 240 S.,
123 Farbfotos, geb., DM 48,–

Das Aquarium
Einrichtung, Pflege und Fische
für Süß- und Meerwasser
(4029) Von Hans J. Mayland, 334 S.,
über 415 Farbfotos und Farbtafeln,
150 Zeichnungen, geb., DM 39,–

Katzen
Rassen · Haltung · Pflege
(4216) Von Brigitte Eilert-Overbeck,
96 S., 82 großformatige Fotos,
Pbd., DM 19,80

Salate
(4119) Von Christine Schönherr,
240 S., 115 Farbfotos, geb., mit vier-
farb. Schutzumschlag, DM 48,–

Hunde-Ausbildung
Verhalten – Gehorsam – Abrichtung
(0346) Von Prof. Dr. R. Menzel,
96 S., 18 Fotos, kart., DM 7,80

Faszinierende Formen und Farben
Kakteen
(4211) Von Katharina und Franz Schild,
96 S., 127 großformatige Farbfotos,
Pbd., DM 19,80

Falken-Handbuch Astrologie
Charakterkunde – Schicksal, Liebe
und Beruf – Berechnung und
Deutung von Horoskopen-
Aszendenttabelle
(4068) Von B. A. Mertz, mit einem
Geleitwort von Hildegard Knef,
342 S., mit erläuternden Grafiken,
gbd., DM 29,80

**Heiltees und Kräuter für die
Gesundheit**
(4123) Von Gerhard Leibold, 136 S.,
15 Farbtafeln, kart., DM 12,80

Falls durch besondere Umstände Preisänderungen notwendig werden,
erfolgt Auftragserteilung zu dem bei der Lieferung gültigen Preis.

119.‾ 17